BELLETRISTIK

Werner Krauss

DIE WELT IM SPANISCHEN SPRICHWORT

spanisch und deutsch

1988

Verlag Philipp Reclam jun. Leipzig

ISBN 3-379-00326-3

© Verlag Philipp Reclam jun. Leipzig 1988
Der Vertrieb in der BRD und Berlin (West) ist nicht gestattet
Unsere Ausgabe ist eine erweiterte Fassung der 1946 unter dem
gleichen Titel im Limes-Verlag Wiesbaden erschienenen Sprichwortsammlung

Reclams Universal-Bibliothek Band 208
4., veränderte Auflage (ohne Illustrationen)
Reihengestaltung: Lothar Reher
Lizenz Nr. 363. 340/83/88 · LSV 7355 · Vbg. 6,6
Printed in the German Democratic Republic
Grafischer Großbetrieb Völkerfreundschaft Dresden
Gesetzt aus Garamond-Antiqua
Bestellnummer: 660 1573
00150

Einleitung

Den spanischen Sprichwörtern hat man seit jeher eine besondere Stellung eingeräumt. Schon durch ihre Zahl übertreffen sie die aller anderen Nationen. Ein Sammler wie der spanische Forscher Rodríguez Marín hat im Verlauf seines Lebens allein 70 000 „refranes" zusammengebracht und herausgegeben. Der exorbitante Reichtum an Sprichwörtern zeugt für ihre Beliebtheit. Das Sprichwort bildet ein nicht wegzudenkendes Element der mittelalterlichen spanischen Literatur; es mischt sich in alle Gattungen ein.

Der Funke des Witzes, das schwelende Feuer eines sardonischen Humors, die Fähigkeit der Einfühlung in die mannigfachsten Situationen des Daseins, der beständige Wechsel einer bodenlosen Skepsis und eines rücksichtslosen Lebenswillens, die Bekundung des fortwährenden Zustands der höchsten Gespanntheit der in den Lebenskampf hineingerissenen Menschen, der plebejische Grundcharakter, in dem die mittelalterliche Gemeinfreiheit mit rebellischer Kühnheit noch einmal hervortritt – das alles sind Züge, die gewiß im Wesen der ganzen Gattung angelegt sind, die aber nirgends so konsequent ausgebildet wurden wie in den spanischen „refranes".

Mittelalterliche Sprichwortsammlungen sind in nicht geringer Zahl aus den verschiedensten Gebieten auf uns gekommen. Solche Kompilationen fassen die mannigfachsten literarischen Bestandteile in einer lehrhaften Absicht zusammen: neben den salomonischen Sprüchen der Weisheit, den Kerngedanken hellenischer Naturphilosophie und stoischer Ethik, den „Goldkörnern" oder „goldenen Bissen", die unter dem Namen Catos in Umlauf waren, biblischen Erleuchtungen und patristischen Lehrsätzen, neben all diesen Gedankensplittern und Splittergedanken, Scholien, Fragmenten, Aphorismen, Maximen, Sentenzen, Sinnsprüchen, Losungen haben, freilich noch ungeschieden von der Masse des gesunkenen Kulturguts, auch die Sprichwörter des Volkes eine bescheidene Stelle gefunden. Unter verschiedener sprachlicher Gewandung blieben sie lange unerkannt inmitten der ungeheuren Scherbensammlung eines eklektisch zusammengewürfelten Bildungsrepertoriums.

Man nimmt an, daß die mittelalterlichen Gelehrten aus Witz oder Spieltrieb in den aphoristischen Formen der hochgeschätzten Sentenzen die vulgärsprachlich in der Weise und Sprache des Volkes verfaßten Sprichwörter hinzuerfanden. Entscheidend war aber in jedem Falle die Volksverbundenheit solcher Sprachschöpfung, die ihr Ohr ganz nah am Herzen des Volkes haben mußte. Schon die ältesten literarischen Denkmäler aus dem 13. Jahrhundert enthalten einzelne Refranes, und im Lauf der Zeit durchsetzt das Sprichwort alle Gattungen der kastilischen Dichtung. Schon im 14. Jahrhundert hat sich das Sprichwort in einem typisch spanischen Ritterroman, im „Caballero Cifar" eingenistet, und zwar durch die Gestalt eines Knappen, der als der erste Keimträger der Sprichwortepidemie dem unsterblichen Gefolgsmann Don Quijotes die Wege bereitet und, wie dieser drei Jahrhunderte später, die spanische Weisheit bei jeder Gelegenheit mit seinen nicht enden wollenden Sprichwortlitaneien verschwendet.

Aus derselben Epoche ist uns eine Sprichwortsammlung überkommen, die ein Student auf der Rückseite seines Kollegheftes zusammengestellt hatte. Dem 14. Jahrhundert gehören an die Erzählungen des Infanten Juan Manuel, die unter dem Titel „El Conde Lucanor" erschienen und jeweils mit einer sprichwortartigen Maxime enden. Eine leitmotivartige Stellung erlangten die Sprichwörter in dem „Buch der guten Liebe" (Libro de buen Amor) des Erzpriesters von Hita, einer wahren Enzyklopädie der strategischen Künste und Praktiken einer petulanten Erotik. Im 15. Jahrhundert brachte ein anderer Erzpriester, der von Talavera, eine Fülle der neidischer Zanksucht der Weiber entsprossenen Sprichwörter zusammen.

Mit dem Mittelalter ist wohl die große Epoche der Sprichwortschöpfung vorübergegangen; aber die humanistische Ära begann, angeregt durch Erasmus' „Adagia", eine leidenschaftliche Sammeltätigkeit, begleitet von den ersten Versuchen einer wissenschaftlichen Kommentierung der Refranes. Die Sprichwortkunde (die „Parömiologie") beginnt mit dem 16. Jahrhundert.

Verschiedene spanische Landschaften sind an den nun entstandenen großen „Refraneros" beteiligt: Kastilien durch

Núñez und Correas, Andalusien durch Mal Lara und Caro y Cejudo, Aragon durch Pedro de Vallés.

Seit dem 16. Jahrhundert unterschieden die Spanier ihre volkstümlichen „refranes", zu denen sich auch die sprichwörtlichen Redensarten gesellen, und die anspruchsvolleren „proverbios", Sprüche mit meist gesichertem oder überliefertem Ursprung. 1523 erschien in Valencia eine schmale Sammlung kommentierter Refranes aus der Feder eines Klerikers namens Dimas. Auch hier wird dem Sprichwort noch ein verbindlicher Lehrgehalt zugesprochen. Offenkundig ist die Mühe des Herausgebers, die Geschlossenheit eines moralischen Systems aufrechtzuerhalten. Aber die seltsamsten Widersprüche lassen sich doch nicht verhehlen – sie müssen allenfalls nach dem Gesetz der regelbestätigenden Ausnahme verantwortet werden. Einige wenige Refranes erscheinen unheilbar krank: sie werden durch besorgte Kommentare isoliert und aus der frommen Versammlung ausgeschieden.

In Zaragoza erschien 1549 das „Buch der Sprichwörter" von P. Vallés. Der Herausgeber versucht sich in einer subtilen Beschreibung der Gattung: *„Ein Sprichwort ist ein berühmtes und durch irgendeinen besonderen und ergötzlichen Umstand auffallendes Kurzwort. Ein Spruch dieser Art ist altehrwürdig, knapp in der Form, scharfsinnig und witzig, dunkel durch eine gewisse Art des sinnbildlichen Redens … Das Alter gibt ihnen Autorität und Gewicht der Überzeugung, obschon sie an und für sich ihre Hörer gefangennehmen. Die goldene Kürze der gefälligen Sentenzen macht sie bei allen willkommen … Ihre Dunkelheit erregt Bewunderung. Im Gebrauch erweist sich ihre Wahrheit. Die Erfahrung ihrer Nützlichkeit veranlaßt uns, sie einzuüben."* Unter dem Einfluß des Erasmus stand der bedeutende Humanist aus Alcalá de Henares, Professor Hernán Núñez, dessen mehrsprachige Sprichwortsammlung 1555 postum erschienen ist. Der Herausgeber war überzeugt von dem Vorrang des spanischen Sprichworts vor den Sprichwörtern aller anderen Völker.

1536 hatte ein Traktat des Sprachforschers und Humanisten Juan Valdés die bedeutende Stelle der Refranes in der literarischen Überlieferung seiner Nation ausgemittelt. Derselbe Autor zieht als erster die klare Grenze zwischen den gelehrten Hinterlassenschaften der Antike und der Kleinkunst des Volkes: *„Die Refranes unterscheiden sich aber von ih-*

*ren griechischen und lateinischen Vorfahren dadurch, daß sie aus
den volkstümlichen Ausdrücken hergeleitet, ja, daß sie zum größten
Teil von den alten Weibern hinter dem Feuer, während sie ihre
Spindeln laufen ließen, ausgetragen und genährt worden sind, woge-
gen die griechischen und lateinischen Sprichwörter bekanntlich von
gebildeten Leuten aufgebracht wurden … Um aber die Eigenart der
kastilischen Sprache richtig einzuschätzen, ist der Hauptvorzug dieser Sprichwörter gerade ihre Herkunft aus dem Volk."*

Dem Sprichwort wird hier die gleiche Autorität für die Fe-
stigung des spanischen Sprachbewußtseins beigemessen,
wie sie die klassischen toskanischen Dichter für die Nor-
mierung der italienischen Nationalsprache hatten. In der
Kleinkunst des Sprichworts sah man also die urtümlichen
Muster der Sprachgesinnung vor sich. Aber die Schätzung
des Sprichworts blieb nicht bei der Erkenntnis ihres geschichtlichen Beitrags stehen. In der 2. Hälfte des 16. Jahrhunderts werden die Refranes als Quellen einer natürlichen
Offenbarung gewürdigt, ja im Lichte eines inspirierten Wis-
sens gesehen. Während man früher den volkstümlichen Ursprung der Refranes verkannte und gerade in der Unkennt-
nis ihrer Natur sie in die Goldkornsammlungen philosophi-
scher Weisheit hereinnahm, ist es jetzt diese ihre klar
herausgestellte Herkunft, die ihnen höchste Beachtung in
den Augen der Humanisten sichert. Diese sogenannten
Vulgärhumanisten nahmen der späten Aufklärung ein
Thema vorweg: den Glauben an die Vorbildnatur des ursprünglichen und naturhaft verwurzelten Menschen. Kenn-
zeichnend für diese Haltung ist der Titel der bedeutendsten
und reichkommentiertesten unter den vormodernen Sprichwortsammlungen, Mal Laras *„Philosophia vulgar"*: Das Sprichwortwissen beschreibt eine besondere Seite im geheiligten
Buch der Natur. Auf ihr wird ein spanisches Urwissen lebendig. Lange vor den Griechen hätten nämlich die Spanier
schon ihre Refranes gehabt. Und mit kühnem Griff wird der
Ursprung der Nation in das goldene Zeitalter zurückver-
legt, in dem die seligen Menschen mit der Gottheit verbun-
den waren und im täglichen Umgang mit ihr erleuchtet wurden. Sprichwörter sind Einstrahlungen des göttlichen
Geistes: *Kleine Evangelien.* – Ihren Höhepunkt erreicht die
literarische Auseinandersetzung mit dem Sprichwort in der
Gestalt des Sancho Panza, der ein „wandelnder Sack von

Refranes" ist und mit diesem unerschöpflichen Repertoire die nicht enden wollenden Gespräche mit dem Ritter von der traurigen Gestalt bestreitet. Das Sprichwort ist durch diesen kleinen Mann die Verkörperung der Denk- und Lebensform eines universalen menschlichen Typus geworden. Aber Cervantes hat durch die Kontrastierung von Ritter und Knappen, von Idee und Erfahrung zugleich den von Mal Lara verbreiteten Glauben an die Weisheit des Sprichwortdenkens in eine dauernde Krise gezogen und auf eine unwiederbringliche Weise eingeschränkt. Die Erfindung des Sancho Panza führt nicht zur Apologie, sondern eher zur Entlarvung der *„Philosophia vulgar"*. Nur in der Brechung der Ironie erhellt sich über den Sprichwortlitaneien der *goldene* Abglanz ihres Ursprungs. Auch in den Werken der großen Moralisten Quevedo (1580–1645) und Baltasar Gracián (1601–1658) konnte eine Sprichwortparade nicht fehlen. Aber wie hat sich im Laufe einer Generation die Zeit verdüstert! Der Mantel der Liebe, mit dem die heitere Ironie des Cervantes die Vielfalt des Daseins umfaßte, ist zerrissen, und das Sprichwort steht, von keiner verzeihenden Gebärde gestreift, vor dem Richtstuhl eines sarkastisch absprechenden Geistes. Was ihm jetzt zur Last gelegt wird, hatte ihm dereinst zu hohen Ehren verholfen: Ausdruck einer vulgären Denkform, verfällt es mit dieser dem Abscheu der kritisch eingestellten Elite, und die Vernunft vermißt sich, die bedrohliche Inflation von abgegriffenem Sprachgut durch ein Dekret aus dem Umlauf der Rede zu ziehen!

Das Interesse am Sprichwort ist in allen Ländern durch eine riesenhaft angeschwollene Literatur bekundet. Aber in keinem Land der Welt ist die Flora der Sprichwörter so üppig hervorgeschossen und in keinem haben sie den Geistesraum so tief durchdrungen wie in Spanien.

Wie ist nun aber die Feststellung der mittelalterlichen Herkunft der Sprichwörter mit der auch heute noch ungebrochenen Aktualität zu vereinbaren, die aus den meisten Refranes so unverkennbar hervorleuchtet? Die Sitten des spanischen Mittelalters sind nicht die Sitten des heutigen Spaniens, noch weniger können sie an unseren Anschauungen gemessen werden.

Oft hat man in den Sprichwörtern eines Volkes den nationalen Charakter ablesen wollen. „Sprichwörter sind Völker", sagt Goethe. In der Tat kann nur die nationale Geltung der Sprichwörter ihre die Ursprungszeit überdauernde Sinnkraft erklären.

Was wir den Charakter einer Nation nennen, das ist aus der Grunderfahrung einer für die Volkwerdung besonders entscheidenden Epoche hervorgewachsen. Eine solche Epoche war das spanische Mittelalter. Unter dem Gesetz der Reconquista, d. h. der späteren Wiedereroberung der von den Mauren besetzten Halbinsel, bildeten Wehrbauern den Stock des Heeres; sie erhielten aus den veröderten Grenzgebieten, soviel sie mit ihren Familien bebauen konnten. Dieser gemeinfreie Zustand hatte sich bis zum Anfang des 13. Jahrhunderts erhalten. Erst nach der Eroberung Andalusiens bildet sich auf den dort schon vorhandenen Latifundien ein Feudalismus aus, der vom 14. Jahrhundert an die Monarchie in sein Schlepptau nahm. Der Protest der Gemeinfreien gegen die neue Form der Klassenherrschaft hielt sich lebendig; er ist an der Entstehung des nationalen Charakters entscheidend beteiligt.

Das spanische Sprichwort geht von unten nach oben. In ihm findet die Perspektive des einfachen Volkes (ähnlich wie in den Romanzen) einen unvergleichlichen Ausdruck. Was den spanischen Sprichwörtern das Gepräge verleiht, ist das eines unbändigen unentwegten Rebellentums gegenüber allen Ansprüchen und Zumutungen der herrschenden Stände.

Die Perspektive des freien Bauers überwiegt. Überall tritt deutlich zum Vorschein die Kampfstellung gegenüber dem feudalistischen Herrentum, vor dem nur die Königsmacht einen Schutz gewährt. Sie hat zuweilen den Vorrang des geringeren Übels.

„Diene nicht, wem du einmal gedient hast,
und bitte nicht, wen du einmal gebeten hast."

„Im Herrenland bereite niemals dein Nest!"

„Besser als die Gnade deiner Herrn,
Brosamen von des Königs Tisch!"

„Die Grafen und Aprilenwetter
waren noch immer Verräter."

Und noch drastischer der Rat, wenn die Schimpfrede des Herrn über den Bauern niedergeht:

„Schweig still und sammle Steine!"

Im Gegensatz zu diesen spanischen Sprichwörtern sind die französischen vielfach voller Verachtung für das Volk. Das spanische Sprichwort hat einen unverrückbaren Standort. Die Stimmung des Volkes schwankt allerdings zwischen kühnem Selbstgefühl und abgründiger Resignation:

„Für den guten Mann
braucht man keinen Stammbaum zu suchen."

„Der Arme und der Kardinal
sie gehen alle durch dasselbe Tal."

„Das Zuchthaus und die Fasten
sind gemacht den Armen zu Lasten."

„Gemein ist nicht der Bauer im Dorf,
sondern der die Gemeinheit begeht."

„Der Reiche heißt Ehrlich,
und der Gute heißt Töricht."

„Der König kann mich nur töten, nicht zwingen."

„Die Herrschaft und die Sonne,
je weiter weg, desto besser."

„Dem alten Esel und dem Herrn
bleibt man am besten möglichst fern."

„Nach hundert Jahren
sind die Könige Bauern geworden
und nach hundertzehn die Bauern Könige."

Die bedrückenden Erfahrungen des Volkes erklären die geistige Grundhaltung des Sprichworts: das Mißtrauen gegen alles und jeden, ein Mißtrauen, das beim Nachbarn beginnt und bei Gott nicht endigt, ein Mißtrauen, das den Verkehr von Ort zu Ort nur nach Steinwürfen mißt und den Dauerkrieg zwischen allen Landschaften und Stämmen entfesselt, das im Ärgernis am ewig Weiblichen seine gewöhnliche Nahrung findet, das sich selbstquälerisch mit den Haßfiguren der lästigen Verwandtschaft umstellt und schließlich den Zweifel ins Herz aller Dinge vortreibt, die den Menschen zu seinem Verderben locken.

Der Stammblattfiguren des Sprichworts braucht man nur kurz zu gedenken: Schwiegereltern und Schwäher. Das Leben der Frau wird an der Seite des Mannes wie ein fortgesetzter Anschlag auf seine Ehre empfunden. Entsprechend brutal und barbarisch sind die Maßregeln zu ihrer Bändigung:

> „Dem Weib und der Henne
> die Gurgel umgedreht,
> und sie gibt dir das Leben."

> „Gib acht auf das böse Weib,
> und auf das gute verlaß dich nie!"

> „Dem sittigen Weib brich ein Bein
> und sperr sie ein!"

Die geistige Grundhaltung des Sprichworts ist also das Mißtrauen. Man kann im Mißtrauen eine erste Bewegung zum Denken sehen – eine Bewegung freilich, die das Individuum in seinen natürlichen Bindungen noch nicht erschüttert. Weltanschauliche und religiöse Probleme liegen dem Menschen des Sprichworts ziemlich fern. Trotzdem wäre es verkehrt, den geistigen Ort des volkstümlichen Denkens in den Niederungen einer nackten Zweckmoral zu suchen. Der verschärfte Sinn der Beobachtung, die Bereitschaft, aus jedem Erleben Erfahrungen zu bilden, diese äußerst wachsame Einstellung gegenüber dem Alltag wuchs an dem hochgespannten Maßstab der Menschenwürde und des Anrechts der irdischen Armut am geistigen Reichtum des Daseins. So sah man alle Erscheinungen mit dem doppelten Blick der Erwartung und der Enttäuschung.

Wie der pedantische Realismus der gotischen Tafelmaler, so will die anonyme Kleinkunst der „Refraneros" ein jedes Wesen durch genaue Bezeichnung seines kreatürlichen Standorts festnageln. Als käme es darauf an, das Leben durch eingehende Beschreibung aller in ihm gemachten Erfahrungen zur Erschöpfung zu bringen. Selbst das Göttliche konnte dabei in den Bereich der Lebenswahrheiten einbezogen werden:

> „Geh in die Messen,
> gib deinem Gaul zu fressen,
> und du wirst dein Tagwerk nicht vergessen."

Bei einigen dieser Sprichwörter muß man freilich annehmen, daß sie aus einem zweideutigen Geist heraus entstanden sind und bloß durch ihre Formulierung den Notausgang ins Moralische gesichert haben. Das Gefühl für die Grenze von Blasphemie und Gläubigkeit hat sich erst am Eingang der Neuzeit geschärft und unter dem Einfluß von Inquisition und Gegenreformation befestigt. Aber um die in jener kritischen Zeit mit besonderer Leidenschaft gesammelten Refranes hat sich kein Zensor bekümmert. Man hielt es ihnen wohl zugute, daß sie noch aus einer frühen christlichen Lage stammten, in der noch keine Glaubensspaltung das unbefangene Wort beschattete. Die unverblümtesten Beiträge zu dem unerschöpflichen Thema der Nonnenliebe, der Ärgernis erregenden Lebensführung von Klerisei und Mönchtum machten unbelästigt ihren Weg durch die „Refraneros" des 16. und 17. Jahrhunderts. Bedenkliche Aussprüche, wie

> „Wenn dir einer ans Leben will,
> so stehe früh auf und bring ihn um"

ließen sich nicht weiter beanstanden, wenn man einen Fall der Notwehr in Betracht zog. *Du kannst* – so heißt es in der Auslegung von Dimas – *„zum Angriff übergehen und zu Recht töten, vorausgesetzt, daß du keinen anderen Ausweg siehst. Und so muß dieses alte Volkswort gedeutet werden, damit niemand sich entsetze ..."* Ein anderes Sprichwort lautet:

> „Wenn du einmal tot bist,
> bleibt dir weder Weinberg noch Garten."

Zunächst versuchte der Ausdeuter auch hier, den rechten Sinn in das schlechte Wort einzulegen. *„Jeder soll, solange sein Auge noch offen ist, richtig handeln, denn nach dem Tod nützen ihm* *weder Weinberg noch Garten."* Doch damit nicht genug: Der Kommentator fühlt sich bemüßigt, in einer zweiten Glosse den üblen Sinn zu tadeln, den dieser Refran nahelegen könnte. Wolle man ihm eine „gesunde" Deutung geben, so müsse man ihn so auffassen, *„daß jeder mit dem körperlichen Tod sein körperliches Leben verliert, und somit ist es ganz klar und einwandfrei, was mit dem Sprichwort gemeint ist: Wenn du tot bist, weder Weinberg noch Garten – denn du hast sie ja nicht mehr nötig!"*

Manchmal versucht auch das Sprichwort, eine allzu krasse Meinung durch eine hinzuersonnene Zutat zu beschönigen:

> "Al que yo bien quiera
> la mujer se le muera,
> la mala / que no la buena"

> „Wen ich gern habe,
> der bringe sein Weib zu Grabe,
> das böse – und nicht das gute Weib!"

Begrifflich und formell ist der Einschnitt deutlich. Zu dem anfänglich bedingungslos ausgesprochenen Todeswunsch wurde der Nachsatz hinzugefügt, der eine ausdrückliche Korrektur des Refrans darstellt.

Eine interessante Erklärung gibt Mal Lara zu folgendem Refran:

> „Dem guten Weibe schließ dich an,
> und auf die Schlechte lege das Kissen":

„Es ist eine gewöhnliche Redeweise, eine Frau, von der man sagen will, daß sie häßlich ist, schlecht zu nennen, und so will unser Refran ausdrücken, daß, wenn das Weib schön ist (und in diesem Sinn ist das ‚gute Weib' aufzufassen), der Ehemann seine Lust an ihr haben soll; wenn sie aber häßlich ist und er sie nicht abschieben kann, solle er ein Kissen in die Mitte legen, so daß er wenigstens davor behütet wird, Visionen zu sehen. Andere erklären das wieder auf andere Art: daß, wenn das Weib gut sei, er sie zu sich nehmen, sie aufmerksam behandeln und ihr schöntun solle; wenn sie aber schlecht sei, solle er sie erdrosseln, indem er ihr das Kissen in den Mund stecke … Aber diese Anschauung konnte nur unter grausamen Menschen aufkommen. Und darum soll sie hier keine Stelle haben."

Schon aus diesen wenigen Proben kann man ersehen, daß der Sprichwortschatz eines Volkes keinen Boden abgibt für weitgehende Schlüsse über seine moralische Artung. Auch diejenigen Sprichwörter, die von der Vertrautheit des spanischen Volkes mit den Ideen und Einrichtungen seines Glaubens zeugen, gehen durch den Wechsel von Stimmungen und Situationen hindurch und hinterlassen manchmal den Eindruck einer doppelten Buchführung, einer „zwiefachen Wahrheit".

Auch die Gottesvorstellung ist im Sprichwort keine einheitliche. Zunächst umkleidet den Richter die unnahbare Würde seines Amtes:

> „Gott ißt und trinkt nicht,
> aber er richtet und sieht zu."

Und:

> „Gott ißt nur Menschenherzen."

Seine Richteransprüche werden ihre volle Geltung erst im Jenseits erlangen. Hier unten

> „duldet er, wenn auch nicht immer."

Wie steht es also um die Gerechtigkeit in der Welt?

> „Gott hat kein Kopftuch,
> aber er nimmt es der einen
> und bindet es der andern um."

Hier hat ihm das Sprichwort die Züge der heidnischen Fortuna geliehen. Es fehlt aber auch nicht der hämische Tadel an den Verteilungskünsten des Schöpfers, der doch, wenn er will,

> „aus dem blauen Himmel regnen läßt",

der

> „auf krummen Linien gerade schreibt".

Das gemeinmittelalterliche

> „Gott gibt dem Nüsse, der keine Kinnladen hat",
> „Gott gibt dem Mandeln, der keine Zähne mehr hat"

wird in Spanien weitergedichtet:

> „Er gibt dem Krätze, der sich nicht kratzen kann",

> „Gott gibt dem Hosen,
> der sie nicht festbinden kann",

> „Gott gibt dem Rotz, der kein Taschentuch hat".

Selbst die gute Meinung des Schöpfers verfällt der Kritik der von ihm Bedachten:

> „Wir baten Gott, daß er Heilige kommen lasse –
> aber doch nicht eine solche Masse!"

Wenn es dann heißt:

> „Gott gibt das Gut,
> und die Bienen bringen den Honig",

so kann man über die Auslegung im Zweifel sein. Die Frage ist, wie weit es der Mensch mit seinem Gottvertrauen bringen kann.

> „Besser ist, wer Gott vertraut,
> als wer früh aufsteht."

Andererseits

> „hilft Gott denen, die sich selber helfen",
> „Gott und das Leben bauen die Dörfer auf."

Das Leben aber wird gesehen als die Summe von Gelegenheiten, die man wahrnimmt oder verfehlt:

> „Wem Gott die Wunde schlägt,
> dem gibt er die Medizin."

> „Wer sich wandelt, mit dem ist Gott."

> „Gott verwundet nicht mit jeder Hand,
> er schuf in den Flüssen die Furten
> und die Häfen am Meeresstrand."

Er ist ein werktätiger Gott. Er

> „beklagt sich nicht,
> aber das Seine läßt er nicht im Stich."

Und er, der doch in die Herzen schaut, er will die unklare Sehnsucht seiner Geschöpfe nicht verstehen:

> „Wer nicht spricht, den hört Gott nicht."

> „Gott wurde Mann und nicht Weib."

So steht er im Kampf mit dem bösen Prinzip, das die andere Hälfte der Menschheit verkörpert.

> „Als Gott ein Mann wurde,
> da war der Teufel schon zum Weib geworden."

Widersprüche ließen sich natürlich hier wie überall zwischen den einzelnen Refranes nachweisen. Das Sprichwort ist eben von der Situation aus gedacht, und diese verlangt eine doppelte Bereitschaft. Die verschiedenartigsten Erfahrungen kommen darin zum Ausdruck. Sie breiten sich wie ein Netz über die Welt, und der Mann des Volkes mag sie als Führer und Plan durch die Irrnisse des Lebens gebrauchen. Er hat sie in all ihrer Bildkraft aufgenommen. Mit jeder Lebenslage verbindet er die Erinnerung an ein Merkwort, aus dem er ohne allzu viel Überlegung einen Tatgedanken gewinnen kann. Auch hier können wir wieder das Vorbild Sancho Panzas betrachten. Sancho Panza ist ja der Patriarch der spanischen Sprichwortkunde. In seiner kleinen Person ist der Gnadenschatz des Volkes nicht zur Ruhe gekommen, sondern aufreizend verkörpert und auf die Probe der Abenteuer und der unerwarteten Begegnungen gestellt. Mit Sancho Panza antwortet die gebundene Wahrheit des Sprichworts dem utopischen Rationalismus und zügellosen Freiheitsbewußtsein Don Quijotes.

Allerdings muß man hier eines bedenken. Das Sprichwort, das mit Sancho zum Programm und zur Bewußtheit erhoben wurde, hat den Bereich seiner ursprünglichen Geltung verlassen. Don Quijote hat den Sancho Panza entwurzelt. Daher ist das Sprichwort für ihn nicht mehr der aus der Stille wirkende Besitz, sondern eine Mitgift für eine feindliche Umwelt, eine ultima ratio gegenüber dem Erleben der überall ins Bodenlose absinkenden Ruhmesstraße des Quijotismus. Immer, wenn ihm unheimlich zumut wird, leiert Sancho einen Rosenkranz von Refranes herunter. Seinem Mutterboden entrissen, braucht er die bewegliche Gedächtnishabe als ein magisches Mittel für die Wiedererlangung der Sicherheit seines gestörten Gleichgewichtes. Erst auf dieser Stufe des Gebrauchs werden die Widersprüche zwischen den einzelnen Refranes spürbar. Ihrer Geltung entrückt, gehen sie unwillkürlich in eine neue raumlose logische Ordnung über.

Aber hier hat es der Rationalismus, der die Fesselung der Vernunft durch die Erfahrung abschüttelt, nur allzuleicht, den Finger auf die Antonomien des volkstümlichen Denkens zu legen. Die Logik der Tatsachen ist eben eine Logik eigenster Art, und die Sittlichkeit kann für das Tatsachenwissen der Refraneros ebensowenig ein geeignetes Kriterium sein wie dasjenige der Wahrheit oder Falschheit. Gewiß erscheinen die Refranes bald in Gestalt von Gesetzen, bald treten sie in der Form einer Forderung hervor. Doch bezieht sich dieses Gesetz stets nur auf eine besondere Konstellation, und jenes Gebot kann nur für den Anlaß gelten, der zu seiner Aufstellung drängte. Das Gesetz vertritt hier nicht die Gesetzmäßigkeit, sowenig wie die Verhaltenslehre des Sprichworts der Ausdruck einer ethischen Norm sein kann. Was sich dahinter verbirgt, ist allein die Einsicht in die Regelmäßigkeit des Weltlaufs und die Forderung, ihr durch erhöhte Achtsamkeit unter allen Umständen Rechnung zu tragen.

Wer daher die Sätze der volkstümlichen Erfahrung zu einer Lehre zusammenfügt, trägt immer selbst den Widerspruch in die Welt des Sprichworts hinein. Wer z. B. glaubt, hier moralisieren zu können, dem wird es darum immer ähnlich ergehen wie jenem valenzianischen Kleriker Dimas. Schon gleich auf dem ersten Gang seiner Betrachtung muß sich Dimas mit solchen Refranes auseinandersetzen, die dem Lehrzweck seiner Sammlung ins Gesicht schlagen: *Laß dich nicht dadurch täuschen, daß einige mit falschem Wissen sagen:*

,Zum schlechten Priester ein schlechter Küster.'

Dies Sprichwort wird nur gesagt, weil es zu dem anderen

,Wie der Herr, so der Knecht'

gehört. Und darum sagt man auch:

,Für eine böse Wunde ein böses Kraut.'

Aber wer gut ist, der darf keine üble Antwort geben, und gewissenhafte Menschen bekräftigen das, indem sie auf beleidigende Worte nichts geben." Ein andermal erfahren wir von den *„bösen Landarbeitern",* die *„in einem schlechten Erntejahr für die Liebe Gottes nichts geben wollen:*

> ‚Wenn die Felder nichts geben,
> ernten die Heiligen nichts.'

Aber du, mein Sohn, mußt das Gegenteil davon tun…"
Ein anderer Liebhaber der spanischen Sprichwörter und Zeitgenosse Mal Laras, Blas Garay, gewinnt aus ihren Widersprüchen die komische Wirkung seiner *„Briefe in Refranes".* Er gibt (in der ersten dieser Episteln) einer Dame das Wort, die ihren früheren Geliebten von dem gottgefälligen Entschluß abbringen möchte, in ein Kloster einzutreten. *„Ich hörte immer sagen, mein Herr, daß die Gans von Cantipalos dem Wolf in den Weg trat, und den Eindruck einer solchen werde ich jetzt machen, indem ich nämlich das tue, was Ihr eigentlich solltet, denn die Frauen müssen gebeten werden, heißt es doch, man solle der Schwiegertochter mit Bitten nahn und die Olla abstehn lan. Aber da der Welt Lauf verkehrt ist und der Rabe nicht schwärzer sein kann als seine Flügel, will ich, wenn der Prophet nicht zum Berg kommt, den Berg zum Propheten kommen lassen. Und obwohl es heißt, daß, wenn man auch frühe aufsteht, der Tag doch nicht eher graut, und daß besser ist, wem Gott hilft, als wer sich früh erhebt, so mache ich mir doch nichts daraus, denn auf der andern Seite heißt es ja auch: sei nicht träg, und du wirst nicht lüstern sein; die Vorsehung ist ja die Mutter des Glückes, und wer nicht wagt, hat nicht gewonnen. Und so entschloß ich mich, Euch zu schreiben …"* Wie ein herrenloses Filmauto kreuzt der Gedanke durch die winkligen Gässen des Sprichwortwissens.
Die Schreiberin muß die unsichtbare Steuerung der Konzessivverhältnisse versuchen, um einen Ausweg aus dem Gedränge der Antithesen zu finden.
Sprichwörter können einen praktischen Sinn nur aus dem Leben des Volkes empfangen, sie können nur in dem Geist der Sprachgemeinschaft verstanden werden. Wo dieser verbindende Nerv zerschnitten wird, da müssen sie alsbald zu Petrefakten erstarren. Mit Recht brandmarkt ein moderner spanischer Forscher das Treiben der zünftigen „Parömiologen", die ihre etikettierten Mineraliensammlungen durch

die Jahrhunderte schleppen. „*Sie glauben wunder was zu leisten, wenn sie Hunderte von Refranes über die Liebe, den Eigennutz, die Nachbarschaft, die Familie, die Berufe, Künste, Wissenschaften und Stände anhäufen. In diesen Haufen geben sich dann die alten mit den neuen und sogar mit den unechten Refranes ein Stelldichein, und schließlich kommt all ihre Weisheit doch immer auf dasselbe hinaus. Ganz anders muß das Verfahren sein, mit dem man diesem gnomischen Zweig des volkstümlichen Schrifttums zu Leibe geht, nachdem man sie gesichtet und geordnet hat, und zwar nicht nach dem Gegenstand, sondern nach Epochen, womit ein Beitrag zur Forschung der Volkssprache, der Volkssitten, der Ethik und sogar der nationalen Ästhetik entsteht … Die Freude, die wir an ihnen haben, besteht gerade nicht in den neuen Wahrheiten, die sie uns lehren, sondern in ihrer mehr oder weniger genauen Anpassung an die uns seit jeher geläufigen Wahrheiten, in ihrer epigrammatischen und häufig anziehenden Form …*" (Rodríguez Marín).

Sicher ist es eine Aufgabe von höchstem Reiz, die zeitlichen Lagen voneinander abzuheben, aus denen die Refranes hervorgewachsen sind. Was die mit Recht befürwortete Lokalisierung angeht, so wird sie dadurch erschwert, daß die Sprichwörter ihrer Natur nach eine viel größere Werbekraft besaßen als etwa die Romanzen, deren Heimatnachweis auch nur in den seltensten Fällen gelungen ist. Weiter muß man das Expansionsvermögen gewisser Dialekte, vorab des Andalusischen, berücksichtigen. Mit der Neigung zum Auffallenden, die allen Sprichwörtern eignet und die bis zur sprachlichen Verballhornung geht, könnten leicht Wendungen aus charakteristischen Mundarten von einem Gebiet in das andere übergegangen sein. Bei einer größeren Anzahl von Refranes läßt sich aber doch eine Spur ausfindig machen, namentlich da, wo durch die freundnachbarliche Charakteristik umliegend oder entfernt beheimateter *Volksgenossen* ein Kirchturmhorizont sich öffnet. So äußert sich der Kastilier über seine Nachbarn:

> „Weder die Männer noch der Wind
> in Aragon bekömmlich sind."

Oder wenn gesagt wird:

> „Von Burgos bis zum Meer
> ist alles Narrheit und verkehrt",

so muß der Urheber, der sich im sichern Port der Klugheit wähnte, wie ein Blick auf die Karte lehrt, ein Neukastilier gewesen sein. Vor den hauptstädtischen Bewohnern von Burgos und Toledo warnt die gewitzigte Einfalt der Dörfler, vor dem Bewohner des Gebirges der Mann der Meseta.

Wo es glückt, eine größere Gruppe landschaftlicher Refranes zu vereinigen, lassen sich auch leicht aus ihrem Gehalt kennzeichnende Anschauungen herausheben. Die satansgläubigen Späße der Nordostiberer kehren im Sprichwort häufig wieder. Wenn der Teufel im Spiel ist, wird man daher geneigt sein, den Weg nach Galizien auszuprobieren. Es wäre im übrigen ein Irrtum, die Lokalisierung einzelner Refranes nach ihrer Mundart für eine Errungenschaft unserer Zeit anzusehen. Schon Mal Lara war in seinen Glossen diesen Zusammenhängen gelegentlich nachgegangen. So liest man bei ihm bezüglich

"La mujer del pastor a la noche se compon"
(„Die Frau des Hirten schmückt sich zur Nacht"):

„Hier ist außerdem zu bemerken, daß dieser Refran in den Tälern von Cuenca entstanden ist, denn dort sagt man pon für pone und compon für compone, und wenn wir sonst keine Früchte von diesem Lande hätten, so wäre dieser Refran schon viel als Mahnspruch für die Ehe."

Eine stammesgeographische Einteilung der vielen Hunderttausenden von spanischen Refranes wäre wohl denkbar. Aber sie würde nur ihren Ursprung verraten und nichts von dem, was ihr Wesen ist: ihre Geltung. Eine Rede ist ja erst dadurch zum Sprichwort geworden, daß sie in den strömenden Kreislauf der Sprachbewegung geriet. Grundvoraussetzung ist dafür natürlich ein Mindestmaß von Anwendbarkeit, die sich nicht auf die Enge der Heimat beschränken darf, sondern eine Art von Typik beansprucht. Die Situation, die das Sprichwort anweist, unterscheidet sich von der Episode durch die feste Erwartung einer häufigen Wiederkehr. Eine Episode ist einmalig – der im Sprichwort beschriebene Vorgang kann sich jeden Augenblick wiederholen. Aus der Spannung zwischen dem beispielhaften vergangenen und einem erwarteten künftigen Ereignis ergibt sich die präsentische Form, die alle Sprichwörter haben. Die Geltung des Sprichworts hängt von der Dauer der Situation ab, die sich in ihrem sprachlichen Ausdruck, in der Lautung und Wortwahl unverrückbar gegen jeden Fortschritt der Zeit behauptet. Sprichwörter sind Kristalle der Sprache. Sie leisten den stärksten Widerstand gegen den sprachlichen Wandel, als wäre die geringste Retusche ein schlimmeres Übel als die vom Veralten des sprachlichen Ausdrucks drohende Sinnverschleierung, die bis zum völligen Mißverständnis des ursprünglich Gemeinten und zu einer vollständigen Sinnverschiebung führen kann. Trotz seiner altfränkischen Gewandung stellt aber das Sprichwort kein Sperrgut der Sprache dar wie die sogenannten „geflügelten Worte". Diese werden immer in dem Bewußtsein angeführt, daß sie irgendwo stehen und durch eine Autorität gedeckt sind. Solche Bildungsreminiszenzen wirken wie sprachliche Fremdkörper im Zusammenhang der Rede, wie Inseln im Strom des Gesprochenen. Der Sprecher unterbricht sich, um einem Kronzeugen für seine Behauptung das Wort zu lassen. Wer dagegen ein Sprichwort anbringt, fällt nicht in dieser Weise aus seiner Rede heraus. Sprichwörter werden überhaupt nicht „zitiert". Sie sind selbst Elemente der Rede. Wer ein geflügeltes Wort anführt, sucht für seine Aussagen einen Beweis zu erbringen. Wer das Sprichwort vorbringt, möchte zeigen, daß seine Rede oder Handlung „nicht von ungefähr" ist, sondern Hand und Fuß hat und, vor allem, auf einem gemeinsamen Besitz zwischen Sprecher und Hörer gründet. Durch das Sprichwort wird die Rede beschwert und herabgezogen in eine kollektive Zone, in ein Mütterreich, aus dem in der Tat die spanischen Refranes, „Sprüche der alten Frauen am Feuer", zufolge dem Titel der ältesten Kompilationen, zu stammen scheinen. Darin liegt zugleich auch die unfehlbar herabziehende, triviale und nur in höchst seltener Beimischung erträgliche Wirkung des Sprichworts begründet: mit ihm „verfällt" die Rede, statt sich in ihrem sondernden Vorsatz zu individueller Gestaltung aufzurichten. Das Sprichwort ist dem fortschrittlichen Einfluß des Zeitgeists nur in beschränktem Maße unterworfen, weil die tieferen Schichten des Volkes durch den Wechsel der Stile und Moden, durch den Wandel der geistigen und politischen Ideen nur langsam ergriffen und umgemodelt werden. Wo Sprichwörter einmal dem Wandel unterliegen, hat man häufig den Eindruck sprunghafter Willkür.

Da die Gefühle mit großer Zähigkeit an den überkommenen Formulierungen haften, so wird oft auch ein mißverständlich gewordener oder als widersinnig empfundener Refran dadurch am Leben erhalten, daß die Phantasie ihn ergänzt oder an ihm weiterdichtet. Nicht selten ist die Absicht eine gewollt burleske, namentlich wenn sie ihren Ursprung im Studentenwitz hat. Der Beitrag der Scholaren zur Entstehung und Verbreitung der Sprich- und Schelmenwörter kann nicht hoch genug eingeschätzt werden. Ganz ähnlich wie das Schillersche Zitat trivialisierend umgebildet wurde

„Der Übel größtes aber sind die Schulden",

hat man dem schulmeisterlichen

„Morgenstund hat Gold im Mund"

die Antithese angeheftet:

„Faulheit stärkt die Glieder."

Der spanische Forscher Rodríguez Marín hat eine Reihe derartiger Fälle beschrieben: *Manchmal betrog die Erfahrung den Beobachter; dieser hatte nicht genug Tatsachen beobachtet, um auf ein sicheres Gesetz schließen zu können, und mit der Zeit ergänzt die Erfahrung der neuen Generationen den Refran ... Dem Refran*

,Ein Jahr, in dem es schneit –
ein Jahr, das Güter bringt'

ist neuerdings der Zusatz angefügt worden:

,in deinem Haus, wenn du sie schon hast.'

Man glaubte buchstäblich, daß

,Wenn donnerstags die Sonne am bedeckten
Himmel untergeht, regnet es in drei Tagen.'

Da dies nicht immer eintrat, heftet sich an das Sprichwort ein drittes Verschen:

,Aber nur dann, wenn es Gott gefällt ...'

In anderen Fällen bewirkt ein Fortschritt im gesellschaftlichen Leben ..., daß die Sprichwörter sich über Gebiete erstrecken, auf die sie früher nicht anspielen konnten, da sie nämlich noch nicht existierten. Früher sagte man beispielsweise:

,Río, rey y religión tres malos vecinos son'

(Fluß, König und Kirche drei schlimme Nachbarn sind), und heute setzt man hinzu:

,Y railes' *(und Schienen)* ..."

Die weiterbildende Tradition schlägt hier dasselbe Verfahren ein, das auch die literarischen Bearbeiter des Sprichwortmaterials befolgten. So berichtet der Literat Liñán y Verdugo in seinem berühmten Madrider Fremdenführer von 1620 *„Guía y avisos de forasteros"*, daß er sich mit der Absicht trage, eine spanische Sprichwortsammlung herauszubringen. Dabei werde er den Refranes mit *„einem Kostenbeitrag zu Hilfe kommen müssen, den sie reichlich notwendig haben. Die einen sollten durch Zusätze erweitert, die andern berichtigt werden, denn sieht man die Dinge an, wie sie sich in ihrem heutigen Zustand und Jahrhundert vorfinden, so ist der Unterschied zu dem damaligen, in dem sie aufkamen, so groß, daß die einen nichts mehr sagen, wenn man sie nicht erweitert, die anderen, wenn man sie nicht berichtigt. Als man zum ersten Mal diese Sentenz aussprach:*

,Pflüge gut und ernte: du wirst Brot ernten',

da wird sie richtig gewesen sein, denn unter den Menschen gab es weniger Bosheit, und Gott kam ihnen mit Gewittern zu Hilfe, wenn sie notwendig waren ... Heute ist um unserer Sünden willen die Erdoberfläche und die Fetthaltigkeit ihrer Eingeweide so schwach und gemindert, daß sie, so gut man auch pflügen und sie pflegen mag, doch nur kümmerliche Früchte hergibt, wie kranke oder lasterhafte Menschen schwächliche Kinder zeugen ..., so fehlt diesem Sprichwort der Zusatz:

,je nachdem es Regen oder Nebel gab'."

Von einer Umgestaltung ist hier nirgends die Rede, nur von Angliederung ergänzender Wahrheiten und von richtigstellenden Kommentaren. Das Gewissen des Philologen geht mit dem Respekt der Tradition einig. Das Festhalten an einem einmal überlieferten klanglichen und rhythmischen Gebilde bietet der Erklärung keine Schwierigkeiten, wenn man die Situation als den ursprünglichen Ausgangspunkt der Refranes und als den Anreiz zu ihrer gedächtnismäßigen Befestigung ansieht.

Wie sehr das Sprichwort von der Situation aus gedacht ist, das zeigen am einleuchtendsten jene Refranes, deren bejahende und verneinende Form friedlich nebeneinander hergeht. Es handelt sich nicht um eine neue Situation, durch die der Geltungsumkreis eines anderen Sprichworts eingeengt oder aufgehoben würde, sondern die Sache verhält sich so, daß in derselben Lebenslage zwei entgegengesetzte Gesichtspunkte auftauchen und daß beide durch das Sprichwort in Empfehlung gebracht werden:

„Der Esel weiß nicht, in wessen Haus er wiehert!"

„Der Esel weiß wohl, in wessen Haus er wiehert."

„Wo der Batzen sich von dir hat finden lassen,
da mußt du einen anderen suchen!"

„Wo der Narr ein Geld findet,
sucht er ein neues."

„Wo man dich gern hat,
da darfst du nicht oft hingehen."

„Wo man dich nicht gern hat,
da sollst du nicht oft hingehen."

Gewisse Verhältnisse werden als entscheidungsreich herausgegriffen und dem Gesichtsfeld des Beobachters nahegerückt. Das Sprichwort kann den Geist auf die richtige Anschauung der Dinge hinlenken; für ein vernunftgemäßes Denken kann es keine eindeutigen Regeln bereitstellen, sowenig es dem sittlich Handelnden eine Instanz bedeutet. Das Denken bleibt an die vorgegebenen Situationen gebunden. Wenn Sancho Panza dem Bann Don Quijotes erliegt und sich aus seinen natürlichen Verhältnissen losmacht, so

kann ihm sein „realistisches" Erfahrungswissen keinen
Schritt mehr weiterhelfen. Mit all seinem Mutterwitz sieht
man ihn jetzt am Seil der Narrheit trotten. Sein gesundes
Gefühl für das Tatsächliche konnte sich nur in seinem gesi-
cherten Wirkungskreis bewähren. Die Urteilskraft wird im
Sprichwort als bloße Meinungsbildung verworfen – Logik
erscheint als Aberwitz der Narren oder Heuchler, welche
die Tatsachen überschlagen oder ihnen nachhinken, statt
sich an ihnen zu richten:

> „Während der Kluge denkt,
> bringt der dumme sein Vermögen ein."

Und Mal Lara führt an:

> „Ich dachte, ich hätte keinen Mann,
> und so aß ich die Olla allein"

mit dem Kommentar: *„Zwei Dinge sind in diesem Refrain: die
große Dummheit der Frau mit ihrem ‚ich dachte', dem echten Sohn
der verlorenen Zeit und der Unwissenheit, … denn unter dem ‚ich
dachte' haben alle denkbaren Torheiten der Welt Platz, bei Adam
angefangen bis in unsere Zeiten immer, immer ‚dachte' ich, daß
es dieses wäre, und wieder ‚dachte' ich, daß es das andere wäre.
Wir hören da ein schlechtes Eheweib, das auf seinen Mann nicht
warten will, weder am Tisch noch im Bett: ich dachte, ich
hätte keinen Mann, und so aß ich die Olla allein …"* Der Unfug
des Meinens führt nur zur Verwirrung der Sitte und zur
Verdrehung aller tatsächlichen Wahrheiten: es läßt sich
mit Hilfe der Vernunft alles behaupten und alles recht-
fertigen. Wenn es eine Philosophie des Sprichworts gibt,
so erschöpft sie sich in einem bloßen Erfahrungswissen:
ihre Regeln strafen den Anspruch jeder Gesetzlichkeit Lügen.
In Wirklichkeit sind alle Versuche der „Folkloristen", den
Geist des Sprichworts zu Begriff zu bringen, an dieser Ver-
wechslung von Regel und Gesetz gescheitert. Ein Irrtum,
den die apodiktische Sageweise hervorrief.
Durch die Gesetzesform bringt das Sprichwort den Vorgang zur exemplarischen Geltung. Alle Register der Rhetorik werden gezogen, um eine denkwürdige Situation in der
Seele zu verankern. Alles, was auffällt, dient diesem Zweck.

So vor allem die abwegige, ungereimte Sinnverbindung, welche die Grammatiker *Zeugma* nennen:

> „Das Schwein und der Schwiegersohn
> finden den Weg schon allein."

Dazu kommt die paroxystische Übertreibung, das bewußte Spiel mit dem Doppelsinn und mit der Zweideutigkeit der Rede oder die Verkürzung des Sprichworts zu einem bloßen Stichwort, zu einem angedeuteten Dialog, einer sarkastisch anspielenden Rede eines Dritten.

Auf dem Weg aus dem mittellateinischen und aus anderen Sprachbereichen in den spanischen Refranero haben die Adagia erst ihre volle Bildkraft und die Präzision der Situationsgefühle gewonnen. Nur wenige Beispiele mögen dies verdeutlichen:

> Simia semper simia, etiamsi gestet insignia
> *Aunque la mona viste de seda – mona se queda*

> Das Ei will klüger sein als die Henne
> *Aún no ha salido del cascarón*
> *y ya tiene presunción*

> Quae e puero discuntur, tenacius haerent
> *Lo que en la leche se mama*
> *en la mortaja se derrama*

> Den Freund erkennt man in der Not
> *En chica casa y en largo camino se conocen a los amigos*

> Unrecht Gut gedeihet nicht
> *Lo bien ganado se lo lleva el diablo*
> *y lo mal ganado y a su amo*

> Fames artium magistra
> *Más descubre un hambriento que cien letrados*

> Non semper sunt saturnalia
> Es ist nicht alle Tage Kirmes
> *No todas veces pan y nueces*

> Après la chose faite chacun est bon conseiller
> *El conejo ido, el consejo venido.*

Selbstverständlich bewegt sich das spanische Sprichwort auf spanischen Ausdrucksgeleisen: Die Assonanz steht gleichberechtigt neben dem Reim. Der behende Witz spielt mit allen Gefahren des Doppelsinns. Ironisch übersteigerte Hyperbeln, sarkastische Reduktionen des Ausdrucks halten den Geist in wachsamer Spannung und zwingen ihn zum blitzschnellen Erfassen der leise angedeuteten Meinung. Für die germanischen Völker, insbesondere für die Deutschen, ist Ironie und Metapher ein Kunstmittel des gehobenen literarischen Stiles. Im Bereich des spanischen Geistes durchkreuzen sich vulgäre und preziöse Ausdruckselemente beständig; und die Volkskunst kann sich den Zugriff auf die Rhetorik immer erlauben. Dagegen ist das Bedürfnis nach Präzision im Sprichwort gering. Es wird hier nichts ausgeführt und nichts dargestellt, sondern lediglich hingewiesen auf Verhältnisse, die bestehen, und auf Erfahrungen, die allgemein gelten. Das Sprichwort folgt hier dem Geist der spanischen Volkssprache, die mehr suggeriert und andeutet als ausführt und klarstellt, die sich so weit verkürzt, als es das Einvernehmen der Sprechenden zuläßt. Auch diese familiäre Gebärdung des Sprichworts ist ein Mittel der seelischen Werbung. Bald macht es sich vertraut, bald drängt es zu den heftigsten Schockwirkungen, um die Aufmerksamkeit zu erregen. Das Sprichwort erreicht es mit allen Mitteln, seine Spuren im Gedächtnis zu lassen. Ja, seine sprachliche Fügung hat den primären Charakter eines leicht zu fassenden und zu bewahrenden Erinnerungsstoffes. Das Sprichwort ist ein gerissener Mnemotechniker.

Im Gedächtnis besitzt das Volk die Instanz, die das Handeln leitet und dem Denken gewisse Richtlinien weisen kann. Das Gedächtnis des Sancho Panza ist ein den Geist Don Quijotes häufig beunruhigendes Geheimnis: *Sage mir nur, wo nimmst du Ignorant sie alle her (die Refranes), und wie wendest du sie an, du Tropf? Um ein einziges zu sagen und richtig anzuwenden, muß ich mehr schuften und schwitzen, als wenn ich die Erde umgraben würde.*

Dieses Gedächtnis ist nun aber nicht sehr souverän. Es bedarf nur einer geringfügigen Störung von außen, damit seine Leistungen zurückgehen oder gänzlich ausbleiben. Will Sancho eine Geschichte erzählen, so bringt die Befangenheit seine Rede alsbald zum Stocken, und jedes einmal

gesprochene Wort muß seinem Nachfolger zur Krücke die-
nen. *„In derselben Art, wie ich erzähle, erzählt man bei mir zu
Hause alle Geschichten, und ich könnte sie anders auch gar nicht erzählen; darum ist es nicht gut, wenn Sie von mir verlangen, daß ich
neue Gebräuche einführen soll."* In solchen Fällen bleibt Sancho
Panza mit der letzten Anstrengung seines versagenden Ge-
dächtnisses bei einer einzigen Vorstellung haften, die er bis
zum Überdruß seines Zuhörers wiederholt. Die Wiederholung ist dann ein unwillkürlich unternommener Versuch,
an das Gedächtnis zu rühren und die Erinnerung neu zu
beleben. Die Wiederholung ist aber nicht nur eine Not,
sondern eine Tugend. Wiederholen heißt, sich einprägen.
Das Wiedertun und das Wiederdenken begründet die Sitte
im Gegensatz zu Vernunft und Pflicht, die dem Menschen
aufträgt, seiner Einsicht zu gehorchen und nicht der Ge-
wohnheit zu vertrauen. Don Quijote sieht daher für ge-
wöhnlich in den Äußerungen Sancho Panzas nichts als den
lauernden Hintersinn der Dummheit. Das Gemeinschafts-
denken des Sprichworts ist seiner Seele fremd. Es findet
keinen Platz im Gehege einer idealen Gesellschaft, die er
im Geiste der geschichtlichen Vernunft (so wie er sie aus
seinen Ritterbüchern kennt) poetisch und schöpferisch auf-
bauen möchte. Von diesem individuellen Stil der Aussage
unterscheidet sich die sprachliche Form der kollektiven Ge-
dankenbildung. Das Mitteilungsbedürfnis ist nicht nach außen gerichtet, denn die äußeren Ziele des Handelns liegen
unverbrüchlich fest in der beschränkten Sphäre der ge-
wohnten Verrichtungen. Es fehlt der Horizont der Ent-
würfe, die einer sprachlichen Instrumentierung bedürfen.
Die Rede rührt an Gemeinsames und Vergangenes. Man
verständigt sich oft durch ein vielsagendes Zwinkern, und
die Sprache verkürzt sich in diesem Hinweischarakter des
Sprechens. Wie in jeder Familie für gemeinsam erlebte Situationen gewisse Stichworte gebräuchlich sind, deren Bedeutung und Schlagkraft dem fremden Eindringling nicht
ohne weiteres einleuchten, so stehen hinter den knappen
Andeutungen des Sprichworts die Urerfahrungen einer
volksmäßig gebundenen Gemeinschaft. Die Werbekraft dieser Rede beschränkt sich zunächst auf den unmittelbaren
Umkreis ihrer Geltung. Nur widerstrebend läßt sich Don
Quijote durch die tägliche Kommunikation mit seinem

Schildträger allmählich in die Welt des Sprichworts verzaubern. Für ihn hat die Rede den ursprünglichen Sinn einer Propaganda, eines mitreißenden Aufrufs für seine utopischen Ziele. Don Quijote wirbt um Freundschaft und um Feindschaft, er schart Bewunderer und Lacher um sich. Es ist zwar nicht die Welt seines Heldentraums, die er zu sich zwingt, aber doch wenigstens ein breites spanisches Publikum, das er um sich sammelt. Während so Don Quijote mit einer weitausgreifenden Rhetorik eine Allgemeinheit gewinnt, bleibt für Sancho die Sprache des Sprichworts ein Gruß der fernen und verlassenen Heimat, die seine Irrwege mit den Liebesgaben ihrer Refranes auf Schritt und Tritt erleuchtet.

Werner Krauss

Sprichwörter über das Sprichwort

Reimsprüche und Sprichwörter sind staubgeboren!

¡Coplas y refranes del polvo nacen!

Alle Sprichwörter müßten mit goldenen Lettern
geschrieben werden

Todos los refranes habían de estar escritos con letras de oro

Alle Sprichwörter sind wahr

Todos los refranes son verdaderos

Wer das Sprichwort nicht kennt,
wie sollte der zum Wissen gelangen?

Quien refranes no sabe
¿qué es lo que sabe?

Wer in Sprichwörtern redet, hat das Maß der Dinge
und wird immer das Richtige treffen!

¡Hombre refranero, medido y certero!

Ein kleiner Spruch
taugt zehnmal mehr als ein ganzes Buch!

¡Más vale el refrancico que diez libros!

Alt und jung

Der Alte auf seinem Grund
und der Junge auf fremdem Feld
lügen, was das Zeug nur hält!

¡El viejo en su tierra
y el mozo en ajena
miente como quiere!

Der Junge schläft sich gesund,
den Alten richtet der Schlaf zugrund

El mozo durmiendo sana,
y el viejo se acaba

Wer sehr alt werden will, muß beizeiten anfangen

Quien quisiere ser mucho tiempo viejo, comiéncelo presto

Der Alte, weil er nicht mehr kann,
und der Junge, weil er noch nicht weiß,
machen die Mädchen nicht heiß

El viejo por no poder
y el mozo por no saber
. . . .

Wenn ein Alter nicht mehr trinkt,
kann man ihm das Grab schaufeln

Cuando el viejo no puede beber,
la fuesa le pueden hacer

Was man mit der Muttermilch trinkt,
bleibt noch am Leichentuch hängen

Lo que en la leche se mama
en la mortaja se derrama

Arm und reich

Besser mit Freuden gereichtes Brot
als eine Henne mit Ach und Not!

¡Más vale pedazo de pan con amor
que gallinas con dolor!

Das Zuchthaus und die Fasten
sind gemacht den Armen zu Lasten

Cárcel y cuaresma,
para los pobres es hecha

Ohne Knochen erhält das Fleisch
beim Metzger nur Herr Ehrenreich

Carne sin hueso
no se da sino a Don Bueso

Der Reiche ißt, wenn er mag,
der Arme, wenn er kann

Para el rico, cuando quiere
para el pobre, cuando puede

Besser ein durchgelaufener Schuh
als ein gutgewachsener Fuß

Más vale zapato roto
que pie hermoso.

Eines Arbeiters Lohn
kommt zur Tür herein und verschwindet im Kamin

Jornal de obrero
entra por la puerta y sale por el humo

Im Herrenland bereite niemals dein Nest!

¡En tierra del señorío no hagas tu nido!

Niemals wird einer reich,
der nicht sein Eigentum mit fremdem vermehrte

Jamás rico será el
que de otro en lo suyo no meterá

Besser ein Mann ohne Geld als Geld ohne ihn

Mejor es hombre sin dinero que dinero sin hombre

Gebt um der Liebe willen und seht,
fünf Finger hab ich nur an der einen Hand
und an der andern nur zwei und noch drei![1]

Cinco dedos en una mano
y en la otra tres y dos;
¡dais por amor de Dios!

Wenn wir das Korn schneiden, sind wir nur Knaben,
wenn es ans Essen geht, sind wir schon junge Männer!

Como segamos somos muchachos,
¡como comemos somos mancebos!

Die Hochzeit der Armen besteht nur aus Geschrei

La boda de los pobres, toda es vocería

Jeder verliert, der dient,
bis auf den, der alles gewinnt

Todo pierde sirviendo
sino el hombre que gana en extremo

Wer arbeitet, der ißt sein Brot,
wer nicht arbeitet – Fasanen und Salm

Quien trabaja, come pan,
y quien no trabaja – salmón y faisán[2]

Wer schuftet und schuftet, wird Wasser trinken;
wer keine Arbeit macht noch je gemacht hat,
der trinkt erlesensten Wein

Quien trabaja y trabaja, bebe agua;
y quien no trabaja ni trabajó[2]
vino del mejor

Wer Schafe hat, dem ist das Schicksal hold,
sie fressen das Gras und kacken das reine Gold

Quien tiene ovejas, tiene un tesoro,
comen hierba y cagan oro

Gemein ist nicht der Bauer im Dorf,
sondern der die Gemeinheit begeht

No es villano el de la villa
sino el que hace la villanía[3]

Der Arme und der Kardinal,
sie gehen alle durch dasselbe Tal

El pobre y el cardenal
todos van por un igual

Alles ist teuer,
was die Armen kaufen und die Reichen verkaufen

Todo vale caro,
que compran los pobres y venden los ricos[4]

Ärzte[5]

Wo Ärzte und Apotheker fehlen,
da sterben die Leute an Altersschwäche

Donde no hay boticarios ni médicos
los hombres se mueren de viejos

Hast du einen Arzt zum Freund,
schick ihn sofort zu deinem Feind!

Si tienes médico amigo
¡quítale la gorra y envíale en casa de tu enemigo!

Im Haus, wo der Arzt lebt,
jammern immer die Kranken

Casa con doctor
perpetuo clamor

Der tüchtigste Wundarzt ist,
wer selbst einen tüchtigen Stich erhielt

Aquél es buen cirujano
que ha sido bien acuchillado

Wenn sich ein Doktor auf seine Kunst versteht,
sorgt er dafür, daß dem verstorbenen Patienten
das Fieber vergeht

El físico que bien cura
finado el paciente
le deja sin calentura

Wenn die Kranken schreien,
die Ärzte gedeihen

Cuando los enfermos claman
los médicos ganan

Berufe, Stände, Klassen, Rassen

Wir sind zwar Neger –
aber wir machen nicht schwarz, was wir berühren

Aunque somos negros,
no entizamos

Zum schlechten Priester
ein schlechter Küster

A mal capellán
mal sacristán

Der Abt singt das Lied,
der Küster singts mit

Como canta el abad
responde el sacristán

Die Sonne und die Polizei
sind immer dabei

El alguacil y el sol
por doquiera son

Man befiehlts dem Knecht
und der Knecht der Katze,
und die Katze befiehlt es ihrem Schwanz

Mandan al mozo,
y el mozo al gato,
y el gato lo manda a su rabo

Wer dem König die Kuh erstochen,
zahlt hundert Jahre für ihre Knochen

Quien come la vaca del rey
a los cien años paga los huesos

Gesellschaft von einem,
Gesellschaft von keinem,
Gesellschaft von zwei,

da ist Gott dabei.
Gesellschaft von drei'n,
wird eine Gesellschaft sein.
Gesellschaft von vier'n
wird der Teufel führ'n.

Compañía de uno
compañía de ninguno.
Compañía de dos
compañía de Dios.
Compañía de tres
compañía es.
Compañía de cuatro
compañía de Diablo.

Dem neuen Knecht
gib Brot und ein Ei –
ist das Jahr vorbei,
sind ihm Brot und Prügel recht

Al mozo nuevo
pan y huevo,
andando el año
el pan y el palo

Dem Knecht, dem das Brot schmeckt,
braucht man nicht auch noch Knoblauch zu geben

Al mozo que le sabe bien el pan,
pecado es el ajo que le dan

Drei Dinge machen die Männer groß:
das Wissen, das Meer und des Königs Schloß

Tres cosas hacen al hombre medrar:
ciencia y mar y casa real

Der Bauer auf seinem Pferde
kennt weder Gott noch die Erde!

¡Cuando el villano está en el mulo
no conoce a Dios ni al mundo!

Wenn bei der Herzogin der Morgen graut,
hat die Sonne nur noch ein halbes Bein

Al alba de la duquesa,
queda el sol a media pierna

Schreiber, Dirne und Barbier
gehen zusammen spazieren
und haben das gleiche Revier

Escribano, puta y barbero
pasean en un prado
y van por un sendero

Der Müller wird reich, wenn die Mühle sich bewegt,
und nicht, wenn sie sich zu Bette legt

El molino andando gana
que no estando en la cama

Wo du Page warst,
sollst du nicht Knappe sein!

¡Donde fuiste paje
no seas escudero!

Die Grafen und Aprilenwetter
waren noch immer Verräter

Los abriles y los condes
traidores son[6]

Besser als die Gnade deiner Herrn,
Brosamen von des Königs Tisch!

¡Más vale migaja de rey
que zatico del caballero!

Im Herrenland bereite niemals dein Nest!

¡En tierra del señorío no hagas tu nido!

Ein Schulze im Dorf kann verhaften
aber nicht wieder enthaften!

¡Alcalde de aldea
prende y no suelta!

Neue Stiefel und neue Schulzen
drücken die ersten Tage,
und später sind sie zu weit

Alcaldes nuevos y zapatos
los primeros días aprietan
y después vienen anchos

Willst du einen guten Tag,
so laß dich schweren und rasieren.
Willst du eine Woche lang glücklich sein,
so schlachte ein Schwein,
ein ganzes Jahr: so mußt du frein,
dein Leben lang: laß dich zum Priester weihn

Si quieres un día bueno: hazte la barba,
un mes bueno: mata puerco,
un año bueno: cásate,
un siempre bueno: hazte clérigo

Wenn der Abt das Messer ableckt,
haben die Mönche nichts zu lachen

Cuando el abad lame el cuchillo
mal para el monacillo

Huren, Pagen und Mönchsgenossen
sind unfehlbar aus großem Haus entsprossen

Monjes y frailes, putas y pajes,
todos vienen de grandes linajes

Der ist ein König, der den König nie gesehen hat

Aquél es rey, que nunca vió a rey

Wie wurdest du zum Alkalden gewählt? –
Es hat an tüchtigen Männern gefehlt!

¿Quién te hizo Alcalde? –
¡Falta de hombres buenos!

Der Mönch, der um Brot bittet,
nimmt auch Fleisch, wenn mans ihm bietet

El fraile que pide pan
carne toma si se lo dan

Der Sohn des Hidalgo
hat einen Fuß gestiefelt,
mit dem andern kommt er barfuß daher

El hijo del hidalgo
un pie calzado y otro descalzo

Spricht einer keine Lüge,
so stammt er gewiß nicht von adliger Wiege

Quien no miente
no viene de buena gente

Die großen Herren und die Sonne,
je weiter sie fort sind, desto größer die Wonne

De los señores y del sol,
cuanto más lejos, mejor

Dirnen

Bei Narren und Huren
ist, was man ihnen schenkt, verloren

A la puta y al truhán
perdido es cuanto les dan

Den Dirnen und den Straßensängern
ist das Altern nicht bekömmlich

A la ramera y al juglar
a la vejez les viene el mal

Dirnen und Pagen
stammen immer aus guter Familie

Putas y pajes
no de malas linajes

Wenn die Dirne am Tag nicht schläft,
steht es schlecht um ihr Geschäft!

Cuando la puta no duerme de día
¡mal anda la putería!

Mit schwulen Männern und mit Huren
sollst du nicht diskutieren

Con maricones y putas
no te metas en disputas

Schwule Männer und Huren
brauchst du nicht lange zu belehren,
besser, sie durch Tritte und Püffe bekehren

Con putas y maricones
no gastes razones
sino puntapies y mojicones

Wo es Dächer gibt, können auch Dirnen nicht fehlen

Donde hay tejas hay putas

Keine Dirne und kein Räuber,
die nicht ihre Andacht feiern

No hay puta ni ladrón
que no tiene su devoción

Zwanzig Jahre lang Dirne und ein Jahr im Ehestand,
und schon seid Ihr als ehrsame Gattin bekannt

Veinte años de puta y uno de casada
y ya sois muy honrada

Daß eine Dirne dich liebt oder ein Gastwirt frei dich hält,
ist ganz unmöglich oder kostet viel Geld!

Amor de puta y convite de mesonero
no puede ser sino te cuesta dinero

Dirne im Frühling,
Kupplerin im Herbst,
Frömmlerin im Winter

Puta primaveral,
alcahueta otonal
y beata invernal

Die Dirne, die sich auf ihr Handwerk versteht,
braucht keine Kupplerin

Puta hecha,
no necesita alcahueta

Schön! Ich leugne nicht: eine besoffene Dirne!
Aber niemals eine verzierte Stirne!

Puta, sí; borracha, sí;
¡mas mitra en la cabeza nunca la vi!

Alte Dirne, senk den Tarif,
viermal mehr Kundschaft ist dir gewiß!

Puta vieja, haced barato,
¡y venderéis por cuatro!

Die Dirnen und der Zank
machen die Seele krank

Putas y disputas
son malas frutas

Dirnen, Würfel und zu viel Wein
können tödlich sein!

¡Putas y dados y cominos de odre
matan al hombre!

Von den Dirnen und vom braunen Tuch
ist das Billigste teuer genug!

¡De la puta y paño pardo
mejor es lo barato!

Die Dirne und die Forelle,
wo du nicht denkst, ist sie immer zur Stelle

A la puta y a la trucha
do no catares la busca

Ehe, Liebe, Erotik

Ach, welch ein Kummer, Frau Nachbarin:
Der Hirsch wechselt sein Geweih nur einmal im Jahr
und Euer Gatte alle Tage!

Ay, que trabajo, vecina:
El ciervo muda el penacho cada año
¡y vuestro marido cada día!

Mit der Schwangeren sollst du Umgang haben bis zur
                                        Niederkunft
und nach der Niederkunft alle Tage!

¡A la preñada hasta que pare,
y a la parida cada día!

Du bist zwar taub, Mann, aber du kannst scharf sehen! –
Ja, Frau, ich höre zwar nicht, daß Ihr mir Hörner aufsetzt,
aber ich sehe genau, daß Ihr eine Dirne seid!

¡Aunque sois sordo, mi marido, bien veis! –
Sí, mujer, aunque no oigo que soy cornudo
¡veo que sois una puta!

Von der Frau im Bett und vom Pferd in der Schwemme –
sollst du nichts fordern!

¡No ruegues a mujer en cama
ni a caballo en agua!

Diene deinem Gatten wie einem Gebieter,
und hüt dich vor ihm wie vor einem Verräter!

Al marido sírvele como a señor,
¡y guárdate de él como de traidor!

Wer bei der Hochzeit den Kopf verliert,
hat in der Ehe ausgespielt

Quien se ensaña en la boda –
piérdela toda

Am Sonntag ist die Frau
wie ein Kornfeld im Tau

*Así es la mujer el domingo
como trigo en el rocío*

Vom getrauten Weib und vom Salat
zwei Bissen nimm und gib dich satt!

*¡De ensalada y de casada,
dos bocados, y dejarla!*

Die Liebe der Frau erkennt man am Anzug des Mannes

El amor de la mujer, en la ropa del marido se echa de ver

Wer eine Nadel nicht aufhebt,
hält nichts von seinem Weib

*Quien no alza un alfiler
no tiene en nada su mujer*

Für wen putzt sich die Frau des Blinden?

¿La mujer del ciego para quién se afeita?

Weib und Henne werden durch zu vieles Geläufe
                                                    verdorben

*La mujer y la gallina
por andar se pierden aína*

Dem sittigen Weib brich ein Bein
und sperr sie ein!

*¡La mujer honrada la pierna quebrada
y en casa!*

Wenn du dein Weib prügeln willst,
brauchst du sie nur zu zwingen,
dir die Sonne zum Trinken zu bringen!

*Si quieres reñir a tu mujer,
¡pídele el Sol a beber!*

Gib acht auf das böse Weib,
und auf das gute verlaß dich nie!

De la mala mujer te guarda,
¡y de la buena no fíes nada!

Kleiner Mädchen Liebe
Wasser in einem Siebe

Amor de niña
agua en cesta

Ein Herz ohne Liebe,
ein Garten ohne Blumen

Corazón sin amores
un jardín sin flores

Die Liebe des Trompeters
dauert zwischen Wecken und Zapfenstreich

Amor de corneta
de diana a retreta

Liebe zahlt man mit Liebe
und außerdem auch mit Geld

Amor con amor se paga,
y además con dinero

Unter der Decke
taugt ein braunes Mädel so gut wie ein blondes

Debajo de la manta,
tanto vale la prieta como la blanca

Die Verliebten glauben,
andere Leute hätten keine Augen,
um zu schauen

Piensan los enamorados
que tienen los otros los ojos quebrados

Du sollst weder an der göttlichen Hilfe verzweifeln
noch an deines Nachbarn Weib

No desesperes de auxilio divino
ni de la mujer de tu vecino

Liebe, Geld und Sorgen
bleiben nicht verborgen

Amor, dinero y cuidado
no puede estar encerrado

Die Tränen der Witwe
trocknet der erste Wind

Lágrimas de viuda
el primer soplo de aire las enjuga

Fesche Schenkel im Bett vermögen mehr zu fügen
als die Ochsen, die das Brachfeld pflügen

Más tiran nalgas en lecho
que bueyes en barbecho[7]

Der Blitz und die Liebe
verschonen das Kleid und versengen das Herz

El rayo y el amor,
la ropa sana, y quemado el corazón

Liebe, Glück und Wind
ziehn vorüber geschwind

Amor y viento y ventura
poco dura

Liebe den, der dich nicht liebt,
gib Antwort dem, der dich nicht rief,
und in deinem Leben geht alles schief

Ama a quien no te ama,
responde a quien no te llama
y andarás carrera vana

Zehn Jahre verfolgt er sie schon,
und sie hat noch keine Ahnung davon!

Diez años la seguía
¡y ella no lo sabía![8]

Für die Liebe und für die Sense
braucht man Kraft und geschickte Hände

El amor y la guadaña
quieren fuerza y quieren maña

Wer kein Weib gefreit,
hat sich von vielen Übeln befreit

Quien no se casó
de mil males se libró

Wer friedlich lebt und ein Weib sich holt,
der hat den Krieg in sein Haus verpflanzt

Quien teniendo paz se casa
mete la guerra en su casa

Einem Dummkopf man verzeiht,
wenn er zum ersten Mal ein Weib gefreit.
Dem Esel, der zum zweiten Mal fällt herein,
dem kann nicht einmal Gott mehr verzeihn

Quien se casó una vez
por necio perdonado es,
pero si dos
por bestia no le perdona Dios

Vieles weiß der Gehörnte,
aber noch mehr weiß der,
der ihm die Hörner aufgesetzt hat

Mucho sabe el cornudo,
pero más el que se los puso

Mutter, was soll man von der Hochzeit meinen?
Tochter, spinnen, gebären und Tränen weinen!

Madre, ¿qué cosa es casar?
¡Hija, hilar, parir y llorar![9]

Gott schick mir einen reichen Mann –
auf den Verstand kommt mirs nicht an

Dios me dé marido rico,
siquiera sea borrico

So wie das Ei gut geschlagen wird,
so müssen Mann und Frau es fügen

Crece el huevo bien batido
como la mujer con el marido[10]

Die Frau des Hirten schmückt sich zur Nacht

La mujer del pastor de noche se compon[11]

Es ist nichts Besonderes geschehen!
Mein Mann wird soeben umgebracht

No es nada
sino que matan a mi marido[12]

Ich dachte, ich hätte keinen Mann,
und so aß ich die Olla allein

Pensé que no tenía marido
y comíme la olla

Es gibt Augen, die sich an andern Triefaugen entzünden

Hay ojos que de lagana se pagan

Ein Mund, der geküßt hat,
verliert nicht das Glück

Boca besada
no pierde ventura

Essen und trinken

Wer sich den Bauch hat vollgeschlagen,
den hört man sagen:
„So, jetzt muß die Fastenzeit beginnen!"

Quien tiene el estómago lleno
dice "¡Ayunemos!"

Beim Sch..... und beim Essen
darf man die Zeit zu kurz nicht bemessen

Al comer y al cagar
el hombre se debe especiar

Unter einem zerschlissenen Gewand
ist der fröhliche Zecher bekannt

So mala capa
yace el buen bebedor

Verschütteten Wein
bringst du nicht mehr ein

Agua vertida
no toda cogida

Guter Wein bedarf des Herolds nicht!

¡El vino que es bueno no ha menester pregones!

Leerer Bauch hört keinen gern

El vientre ayuno
no oye a ninguno

Wer nicht raucht und nicht trinkt,
hat sich schon anders dem Satan verdingt

Quien no fuma ni bebe
algun otro vicio tiene

Familie

Wer meinem Jungen die Nase wischt,
der hat mich auf den Mund geküßt

Quien a mi hijo desmoca
a mí me besa en la boca

Wir haben sowieso am Herd keinen Platz –
und meine Schwiegermutter kommt nun auch noch in die
Wochen

No cabiamos en el fuego,
y parió nuestra suegra

Der Tochtermann möge nicht mehr
als einen Winter lang währen

No dure más mi yerno
que un invierno

Willst du, daß dein Junge wachsen soll,
so wasch ihm die Füße und nimm ihm das Kopfhaar
herunter[13]

Si quieres que tu hijo crezca
lávale los pies y rápale la cabeza

Drei Töchter mit einer Mutter:
Vier Teufel für einen Vater

Tres hijas y una madre:
cuatro diablos para el padre

Schwäger und rote Hunde
sind nur selten zu brauchen

Cuñados y perros bermejos
pocos son buenos

Wer einen Sohn hat, rufe nicht: „Haltet den Dieb!"

Quien tiene hijo varón
no dé voces de ladrón

Enkel sind zweimal geborene Söhne

Nietos son hijos dos veces paridos

Besser der Sohn, der am Galgen hängt,
als die Tochter, die zur Hochzeit drängt

Más vale el hijo en la horca
que la hija en la boda

Dem Sohn gib ein Weib, wenn du willst,
der Tochter einen Mann, wenn du kannst

Al hijo cásale cuando quieres,
a la hija cuando puedes

Was die Braut bei der Hochzeit nicht schaut,
wird sie ihr Leben lang nicht anschaun

Lo que no ve la novia en la boda
no lo ve en la vida toda

Dem Weib und der Henne
die Gurgel umgedreht
und sie gibt dir das Leben

A la mujer y a la gallina
tuércele el cuello y te dará la vida

Dem trotzigen Weib
laß die Leine locker

A la mujer brava
la soga larga

Wo sieben Brüder im Rat sitzen,
wird aus Recht Unrecht und aus Unrecht Recht

Siete hermanos en un concejo
de lo tuerto hacen derecho y de lo derecho tuerto

Wer keine Brüder hat,
hat weder Füße noch Hände

Quien no tiene hermanos
no tiene pies ni manos

Wer seine Tochter heiraten läßt, gewinnt einen Sohn,
wer seinen Sohn heiraten läßt, verliert ihn

Quien casa una hija, gana un hijo,
quien casa un hijo, pierde el hijo

Wer mit seinen Schwähern zur Kirche geht,
kehrt ohne Verwandte zurück

Quien con cuñados va a la iglesia
sin pariente sale de ella

Schlimm schauts aus in einem Haus,
wo das Schwert nach der Spindel tanzt

Con mal anda la casa
donde la rueca manda a la espada

Mein Schwiegervater ist ein wackerer Geselle,
doch brauch ich keinen Hund mit einer Schelle

Aunque mi suegro sea bueno
no quiero perro con cencerro

Eine Schwiegermutter ist nicht zu ertragen,
selbst wenn sie nur aus Lehm gebildet wäre

Suegra ni de barro buena

Meine Zähne sind mir näher
als meine Schwäher

Más cerca tengo mis dientes
que mis parientes

Dem Tunichtgut gib Geld in die Hand
und in den Ehestand

Al malo darle
dinero y casarle

Ein hastiger Trank
und ein Weib, das fortwährend Kreuze schlägt,
macht die Seele krank

Ni beber de cruces,
ni mujer de muchas cruces

Ich wünsche, daß es meinem Schwiegervater ergeht
wie dem Bett, das zu nah am Feuer steht

Así medre mi suegro
como la cama tras el fuego

Mein Sohn kehrt zurück ins Land
mit einem Bart
doch nicht mit einem Bastard
unterm Herzen oder an der Hand

Mi hijo vendrá barbado
mas no parido ni preñado[14]

Wenn die Tochter unter der Haube ist,
erscheinen die Freier in Scharen

A hija casada
salen los yernos

Eine gute Mutter fragt nicht erst: „Willst du?"

La buena madre no dice "¿Quieres?"

Dem Schwiegersohn und dem Schwein
zeigt man einmal das Haus,
und sie finden den Weg schon allein

Al puerco y al yerno
mostradle una vez la casa
que él se vendrá luego[15]

Freund

Mit schon verzehrtem Bissen
gewinnt man keine Freunde

*Bocado comido
no gana amigo*

Vieler Menschen Freund,
keines Menschen Freund –
Freund eines Freunds
ist niemands Feind

*Amigo de mucho
amigo de ninguno –
amigo de uno
enemigo de ninguno*

Weder der Freund, der wieder ausgesöhnt,
noch ein Hammelstück wieder aufgewärmt

*Ni amigo reconciliado
ni carnero dos veces asado*

Ein Freund, der nichts leiht –
ein Messer, das nicht schneidt

*Amigo que no presta,
cuchillo que no corta*

Viele Freunde im allgemeinen
aber im besonderen nur einen!

*¡Muchos amigos en general
y uno en especial!*

Besser Freunde auf dem Platz
als in der Truhe den Schatz!

*¡Más valen amigos en la plaza
que dineros en el arca!*

Freunde, die sich kennen,
grüßen sich von weitem

Amigos que se conocen
de lejos se saludan

Auf langem Weg und im schmalen Bett
erkennt man den Freund

En luengo camino y en cama angosta
se conocen los amigos

Gott

Gott gibt den Ameisen Flügel,
damit sich ihr Schicksal um so schneller besiegelt

Da Dios alas a la hormiga
para que se pierda más aína

Gott gibt dem Mandeln, der keine Zähne mehr hat

Da Dios almendras a quien no tiene muelas

Gott gibt dem Hosen, dem die Beine abgenommen sind

Da Dios bragas a quien no tiene zancas

Alles geht nach Gottes Willen –
aber es geht nicht, wie es gehen sollte

Todo es como Dios quiere –
mas no como debe

Gott hat die Welt für alle gemacht,
aber ein paar wenige haben sie an sich gebracht

Dios hizo el mundo para todos,
pero lo hurtaron unos pocos

Der liebe Gott schenkts
und der Teufel lenkts

Dios lo da
y el diablo lo guisará

Gott will alles zum Guten fügen,
allein der Teufel straft ihn Lügen

Dios la hará bien,
y el diablo lo echará a perder

Wer nicht spricht, den hört Gott nicht

A quien no habla no le oye Dios

Gebe uns Gott einen schönen Tod,
denn das tut uns am meisten not

Dios nos dé buena muerte,
aue ésa es la mejor suerte

Gott erhalte uns unsern Herrn,
mit einem neuen könnt es noch schlimmer werd'n!

Dios nos conserve a este señor
no nos venga otro peor

Gott, dem die Freiheit der Wahl gelassen,
hat sich zum Mann und nicht zum Weibe geschaffen

Dios, que como Dios pudo escoger,
quiso ser hombre y no mujer

Gott und der Dung bereiten den Segen;
jedoch am Dung ists vor allem gelegen

Dios y el chucho
pueden mucho;
pero más el chucho

Besser der Esel düngt dir das Feld,
als wenn der Bischof die Hand drüber hält

Más vale cagajón de borrico
que bendición de obispo

Wenn sich alte Dirnen beschimpfen,
hält sich Gott die Ohren zu

Cuando echan maldiciones las putas viejas
Dios se tapa las orejas

Sind es zwei,
ist Gott dabei –
sind sie zu dritt,
macht der Teufel mit

Cosa de dos,
cosa es de Dios –
cosa de tres,
del diablo es

Kleine Kinder, Narren und Bezechte,
sie alle liebt Gott der Gerechte

A los niños y locos y beodos
Dios les quiere a todos

Wir baten Gott, daß er Heilige kommen lasse –
aber doch nicht eine solche Masse!

Rogábamos a Dios por santos
¡pero no por tantos!

Gott ist willfährig, aber nicht für immer

Dios consiente, pero no para siempre

Gott verwundet nicht mit jeder Hand.
Er schuf in den Flüssen die Furten
und die Häfen am Meeresstrand

No hiere Dios con dos manos
que a la mar hizo puertos
y a los ríos vados

Gott ißt und trinkt nicht,
aber er richtet und sieht zu

Dios no come ni bebe,
mas juzga lo que vee

Wem Gott die Wunde schlägt
dem gibt er die Medizin

Dios cuando da la llaga
luego da la medicina

Wenn die Felder nichts geben,
ernten die Heiligen nichts

Cuando no dan los campos
no dan los santos

Unter frommem Gebet die Keule geschwungen!

¡A Dios rogando y al mazo dando![16]

Der heilige Laurentius, der auf einem glühen-
den Rost gemartert wurde

Dreht mich um auf die andre Seit,
denn auf dieser bin ich schon so weit

Volvedme de este otro lado
que de éste ya estoy asado

Der Hund

Der Hund, der Angst hat, bellt am längsten
Más ladra el perro cuando tiene miedo

Als der Hund von Ecija in den Mond schaute,
hielt er ihn für Käse und seine Kehle wurde trocken
*El perro de Ecija que mirando la luna
quedó seco pensando que era queso*

Sooft der Hund sein Bein hebt, sooft weint die Frau
A toda hora el perro mea y la mujer llora

Nach einem Jahr gleicht der Hund seinem Herrn
Al cabo de un año, el perro se parece a su amo

Den Hund, der einmal gebissen wurde,
beißen die Hunde immer wieder
Al can mordido todos le muerden

In die Werkstatt des Schmiedes getraut sich kein Hund
Nunca perro entró en casa del herrero

Wer Freundschaft bekundet für den Herrn,
hat auch den Hund des Freundes gern
Quien bien quiere Beltrán, bien quiere a su can

Der Hund ist mein Freund, die Frau meine Feindin,
der Sohn mein Gebieter
*El perro mi amigo, la mujer mi enemiga,
el hijo mi señor*

Der Hund, der beißt, bellt nicht grundlos
Can que muerde no ladra en vano

Zu übler Stunde bellen keine Hunde

A hora mala no ladran canes

Der Hund gehört zum Herrn und die Katze zum Haus

El perro es de su amo, y de la casa el gato

Der kleine Hund spürt den Hasen auf,
und der große fängt ihn darauf

*Pequeño can levanta la liebre
y el grande la prende*

Warum läuft der Hund in die Kirche? –
Weil er sie offen findet!

*¿Por qué entra el perro en la iglesia? –
¡Porque la halla abierta!*

Warum wedelt der Hund zum Gruß mit dem Schwanz? –
Weil er keine Mütze trägt

*¿Por qué hace el perro la venia con la cola?
Porque no tiene gorra*

Hüte dich vor dem Mann, der nicht spricht,
und vor dem Hund, der nicht bellt!

*¡Guárdate del hombre que no habla,
y del can que no ladra!*

Wenn auch der Hund auf vier Beinen geht,
so hat er doch nur einen Weg

*Aunque el perro tiene cuatro patas,
por un solo camino anda*

„Etwas ist etwas!" sagte der Windhund,
als er den Knochen erblickte

"Algo es algo" dijo al ver el hueso el galgo

Wen Gott liebhat, dem schenkt die Hündin Ferkel

A quien Dios quiere bien, la perra le pare lecheros

Wenn das Feld nicht bestellt –
der Hund vergeblich bellt

El perro en el barbecho,
ladra sin provecho

Wenn der alte Köter kläfft, gibt er einen Rat

El perro viejo, si ladra, da consejo

Der Hund, der Wölfe reißt, wird von Wölfen verspeist

Can que lobos mata, lobos lo matan

Der Hund des Gärtners frißt den Kohl nicht
und will nicht, daß ihn ein anderer pflückt

El perro del hortelano que ni las berzas come
ni quiere que otro las tome

Der Hund und das Kind ist immer bei den Leuten,
die freundlich mit ihm sind

El perro y el niño
donde les hacen cariño

Ein Hund von guter Art geht immer gern auf die Jagd

Perro de raza de suyo caza

Der hungrige Hund hat vor dem Stock keine Angst

Perro hambriento no hace caso del palo

Wenn der Hund herumläuft, findet er auch einen Knochen

Perro que anda, con hueso tropieza

Schlag dein Wasser so häufig ab wie dein Hund –
dann bleibst du gesund!

¡Si quieres estar bueno,
mea a menudo como hace el perro!

Wer mit Hunden ins Bett geht, wacht mit Flöhen auf

Quien con perros se acuesta, con pulgas se despierta

Wer fremde Hunde mit Brot verfüttert,
den werden die eigenen Hunde verbellen

*Quien a perros ajenos da pan
los suyos le ladrarán*

Für Geld läßt man auch den Hund tanzen

Por el dinero baila el perro

Hygienische Regeln[17]

Wenn du sterben willst,
iß gebratenen Hammel zu Abend und leg dich schlafen!

Cuando quieres morir
¡cena carnero asado y vete a dormir!

Willst du deinen Gatten
möglichst bald bestatten,
so gib ihm zur Nacht einen Hammelbraten

Si quieres ver a tu marido enterrado
dale a cenar carnero asado

Legst du dich ohne Mahl zur Ruh,
drückst du die Nacht kein Auge zu

Quien se echa sin cena
toda la noche devanea[18]

Wenn dir die Därme weh tun,
mußt dus dem After erzählen

Cuando te dolieren las tripas
hazlo saber al culo

Wer im Mai die Sardine verspeist,
im August die Gräte sch....

Quien en Mayo come la sardina
en Agosto caga la espina[19]

Wo der Zahn weh tut,
da ist auch die Zunge

Allá va la lengua
do duele la muela

Wer bestimmt ist zum Leben,
dem kann man Wasser zur Heilung geben.
Wer bestimmt ist zu sterben,
dem wird ein Glas Wasser zum Verderben

Al que es de vida
el agua le es medicina;
al que de muerte
el agua le es fuerte

Was für die Leber gut ist,
ist für die Milz ein Übel

Lo que sana el hígado
es malo para el bazo

Zu vieles Baden
bringt tödlichen Schaden

Quien toma muchos baños
vice pocos años[20]

Das Übel, vor dem man Angst hat,
an dem geht man zugrunde

De mal que hombre teme
de ése muere

Was gegen die Kälte nützt,
auch vor der Hitze schützt

Día de calor
ése te arropes mejor[21]

Fisch und Fleisch
zu einer Mahlzeit zugleich
verkürzen die Lebenszeit

Carne y pescado en una comida
acortan la vida

Jagd

Wem das Frühaufstehen nicht behagt,
der hat doch manchmal Glück auf der Jagd

A veces caza
quien no amanece

Bei der Liebe und auf der Jagd
fängst du an, wann du willst,
und hörst auf, wenn du kannst

En caza y en amores
entras cuando quieres
y sales cuando puedes

Im Krieg, in der Liebe und beim Jagen –
für ein Vergnügen tausend Plagen

Guerra y caza y amores
por un placer mil dolores

Körperbau und Charakter

Das üppige Haarkleid des Mannes verrät,
daß ein Dummkopf oder ein Glückspilz vor uns steht

El hombre peloso
o tonto o venturoso

Der Mann mit einem dichten Fell
ist ein Lüstling oder ein tapferer Gesell

El hombre velloso
o valiente o lujurioso

Der Mann und der Bär
je häßlicher, desto schöner

El hombre y el oso
cuanto más feo más hermoso

Wer Warzen hat, dem ist das Glück gewogen

Hombre de verrugas, hombre de fortuna

Wer schlank ist und keinen Hunger hat,
der ist stärker als Draht

Hombre delgado, y no de hambre
es más fuerte que el alambre

Der Mann mit Haaren auf der Brust
ist tapfer und seiner Pflichten bewußt

Hombre de pelo en pecho,
hombre de valor y hecho

Der Eifersüchtige hat das Horn schon in den Augen

Hombre celoso, el cuerno al ojo

Den Mann mit rotem Schopf und das bärtige Weib
halt dir eine Meile weit vom Leib

Hombre bermejo y mujer barbuda
de una legua los saluda[22]

Einer der fortgesetzt fragt,
hat keine Lebensart

Hombre preguntón
hombre de mala educación

Wen sie als Topfgucker schelten,
kann nur als Halbmann gelten

Hombre cocinilla
medio hombre, medio mariquilla

Ein Mann, dem keine Barthaare sprießen,
ist nur mit Vorsicht zu genießen

Hombre desbarbado,
hombre de cuidado

Wer eine stumpfe Nase hat,
kennt keinen Dank und sinnt auf Verrat

Hombre chato,
traidor e ingrato

Krieg und Waffen

Waffen und Geld verlangen eine sichere Hand

Armas y dineros buenas manos quieren

Zuweilen sieht man mehr auf die Waffen als auf den Bart

A veces miran más a las armas que a las barbas

Wer dumm in den Krieg zieht,
kehrt als Dummkopf zurück

*Quien tonto va a la guerra
tonto vuelve de ella*

Der Krieg und die Malerei
zeigen ihre Schönheit nur von weitem

*La guerra y la pintura
de lejos tienen la hermosura*[23]

Der Krieg schürt sein Feuer schon von selbst

La guerra por sí se atiza

Die Waffe, mit der du dich schlägst,
sollst du nicht verleihen

El arma con que te defiendes, no lo prestes

Wo alle befehlen, wird keiner gehorchen

Donde todos mandan, nadie obedece

Nicht alle, die Sporen tragen, haben ein Pferd

No todos los que llevan espuela, tienen caballo

Der Krieg beugt viel Recht
und biegt viel Unrecht zurecht

*La guerra a muchos derechos tuerce
y a muchos tuertos endereza*

Am Krieg ist nur eine Sache gut:
der Frieden, der ihm folgt

La guerra sólo tiene una cosa buena:
la paz que trae en pos de ella

Der Krieg bringt alles Übel und nimmt alles Gute

La guerra: todo lo malo lo trae, y todo lo bueno se lo lleva

Der Krieg macht die Männer zu Räubern,
und der Frieden knüpft sie auf

La guerra hace los ladrones
y la paz los ahorca

Im Krieg und in der Liebe
hat nur der Sieger recht

En la guerra y el amor
el que vence tiene razón

Die menschlichen Verhältnisse

Wer Disteln sät, soll nicht barfuß gehen

Quien abrojos siembra
descalzo no ande

Wer Glück hat, dem kommt selbst die Ameise zu Hilfe

Quien está en ventura,
hasta le ayuda la hormiga

Wer spricht, der sät,
wer zuhört, der schneidet das Korn

Quien habló, sembró,
quien escuchó, segó

Wer nicht fällt, der erhebt sich nicht

Quien no cae, no se levanta

Wer einen treuen Diener will,
der bediene sich selbst

Quien quiere tener un mozo fiel
que a sí mismo se sirva él

Besser gemietet als geliehen

Mejor es alquilado, que prestado

Besser gar nicht als schlecht arbeiten

Más vale holgar que mal trabajar

Wer nicht spielt, gewinnt das Spiel

Quien no juega, es el que gana

Zwischen Kummer und Freude
liegt nur Haaresbreite

De la risa al duelo, un pelo

Die Wut hat keine Enkel

La rabia no tiene nietos

Man schenkt gern und zahlt nur ungern

Gusta dar y disgusta pagar

Jeder kratzt sich da, wo es ihn juckt

Cada uno se rasca donde le come

Zuweilen tut man das Richtige,
wenn man unrecht tut

*A las veces, con tuerto
hace el hombre derecho*

Viele, die ins Schwarze treffen, zerstören das Ziel

Muchos por dar en el clavo destruyen el blanco

Wer einen Betrüger betrogen,
dem ist der Himmel gewogen

*Quien burla al burlador –
cien días gana de perdón*

Am ärgsten verdrießt
ein Spaß, der die Wahrheit ist

No hay peor burla que la verdadera

Vom Wort zur Tat
ists ein langer Pfad

*Del dicho al hecho
hay gran trecho*

Man soll im Haus des Gehängten vom Strick nicht reden

No se ha de mentar la soga en casa del ahorcado

Besser allein
als in schlechter Gesellschaft sein

Vale más solo que mal acompañado

Wo man eine Tür zumacht,
geht eine andere auf

Donde una puerta se cierra
otra se abre

Was ich mit den Augen sehe,
mit den Fingern ich erspähe

Lo que con los ojos veo
con el dedo lo adivino

Wohin gehst du, Kummer?
– Immer zum Haus mit derselben Nummer!

¿A do vas, duelo?
¡– A do suelo!

Dem ehrlichen Schuldner
tun die Pfänder nicht weh

Al buen pagador
no le duelen las prendas

Wer den Lohn voraus erhält,
der verstaucht sich die Hände

Dineros pagados,
manos quebradas

Wer dich deckt, entdeckt dich

Quien te cubre, te descubre

Lieber mit den Guten stehlen gehen
als mit den Schlechten beten

Antes con buenos hurtar
que con malos orar

Nichts ist so teuer, als was man mit Bitten erwirkt

No hay cosa tan cara como la que con ruegos se alcanza

Es gibt kein Übel, das nicht auch Gutes bringt –
fragt sich nur für wen

No hay mal que no venga por bien;
catad para quién

Die Federn und das Wort,
der Wind trägt sie fort

Palabras y plumas
el viento las lleva

Du sollst mit den Guten verkehren,
und du wirst selbst zu ihnen gehören

Allégate a los buenos
y serás uno de ellos

Viele gehen in das Haus des Toten,
und jeder weint über seine eigene Not

Muchos van a la casa del muerto,
y cada uno llora su duelo

Das Bad hat geschworen,
keinen Mohren weißzuwaschen

Jurado ha el baño
de lo negro no hacer blanco

Das Blut kann man erben – die Tugend erwerben

La sangre se hereda y la virtud se acquista

Dann verlier ich meine Ehre,
wenn ich übel rede und Schlimmeres höre

Entonces perdí mi honor,
cuando dije mal y oí peor

Besser heilen Stiche als Worte und Flüche

Sanan las cuchilladas, y no las malas palabras

Das Leid bricht nieder Scheffel voll
und geht von hinnen Zoll um Zoll

El mal entra a brazadas
y sale a pulgaradas

Mit Brot
ist kein Kummer eine Not

Los duelos con pan son menos

Geschickte Hände essen Forellen

Manos duchas
comen truchas

Ein Gast, der sich selbst einlädt, ist leicht zu sättigen

Huésped que se convida, ligero es de hartar

Ich wünsche dir Geld und Gedeihn;
an Totengräbern wird sowieso kein Mangel sein

Salud y dineros,
que no faltarán morteros

Nimm dich in acht vor fremdem Geschrei,
dann wirst du weder Zeuge noch Partei

De los ruidos guárdate,
no serás testigo ni parte

Die Reue ist teuer

Caro cuesta el arrepentir

Wer die Scham nicht überwindet,
durch Teufelswerk im Palast sich befindet

Al hombre vergonzoso
el diablo lo trujo a palacio

Wer keine Scham hat,
ist Herr der Stadt

Quien no tiene vergüenza
toda la villa es suyo

Bei alten Geschichten mischt man die Karten neu

A cuentas viejas, barajas nuevas

Gesagtes Wort und geworfenen Stein
sammelt man nicht wieder ein

A pedra e a palaure
naom se recolle depois de deitada[24]

Nicht jeder ist ein Mann,
der an die Wände pissen kann

No son todos hombres
los que mean en las paredes

Für niemand riechen die eigenen F.... schlecht
und die fremden gut

A ninguno le huelen mal sus pedos
ni bien los ajenos

Wer alles ergründen will,
muß mit dem eigenen Haus den Anfang machen

Quien todo lo quiere averiguar,
por su casa ha de empezar

Wem die Scham nicht vergeht,
der hungert früh und fastet spät

Quien tiene vergüenza
ni come ni almuerza

Wer zuhört, zusieht und schweigt,
gewiß nicht seine Torheit bezeugt

Quien oye, ve y calla
de tonto no tiene nada

Wer dich besucht, bringt dir wenig und nimmt dir viel

Quien te visita poco te da y mucho te quita

Geh in die Messen,
gib deinem Gaul zu fressen,
und du wirst dein Tagwerk nicht vergessen

Ni por ir a la iglesia,
ni dar cebada
se pierde jornada

Die Wissenschaft ist Narrenwissen,
läßt sie den gesunden Verstand vermissen

La ciencia es locura
si buen seso no la cura

Siehst du, dein Haus ist abgebrannt,
an der Asche du dich wärmen kannst

Cuando vieres tu casa quemar
llégate a escalentar

Besser man flieht für eine Nacht,
als den Tod, der ein Leben dauert, über sich gebracht

Más vale huir por una noche
que morir para toda la vida

Wer eine große Reise gemacht,
hat große Lügen mitgebracht

De luengas vías
luengas mentiras

Wer viel fragt, der wird wenig erfahren

Quien mucho pregunta poco averigua

Wer schimpft, ist nah am Verzeihn

Aquel que dice injurias, cerca está de perdonar

Viele gehen auf Wolle aus
und kehren geschoren nach Haus

Muchos van por lana y vuelven trasquilados

Füßen, die gewohnt sind zu springen,
will das Stillstehn nimmer gelingen

A los pies vezados a saltar
no pueden seguros estar

Spricht einer keine Lüge,
so stammt er gewiß nicht von adliger Wiege

Quien no miente
no viene de buena gente

Ein frohes Herz
kann Schnee in Feuer verwandeln

Corazón alegre
sabe hacer fuego de la nieve

Der Lügner muß ein gutes Gedächtnis haben

El mentir quiere memoria

Ein brüchiges Schiff
hat jeden Wind zum Feind

A nave roto todo viento es contrario

Der Strick reißt immer an der dünnsten Stelle

Siempre quiebra la soga por lo más delgado

Jeder ist freigebig mit fremdem Gut

Todos son liberales de lo ajeno

Die Scham eines Menschen ist gründlich verfehlt,
dem es an vielen Dingen fehlt

La vergüenza no le viene bien al hombre
quien siente que le faltan muchas cosas

Die Not hat ein Ketzergesicht

La necesidad tiene cara de hereje[25]

Ein Weib, das gern dem Trunke huldigt,
bleibt, was sie schuldet, lange schuldig

La mujer que mucho bebe
tarde paga lo que debe

Die Nachbarn

Willst du wissen, wer du bist,
so brauchst du nur deinen Nachbar zu fragen

Si quieres saber quien eres,
pregúntalo a tu vecino

Wenn du deinem Nachbarn nicht grün bist,
so brauchst du nur deine Ziegen in seinen Olivengarten
$\qquad\qquad\qquad\qquad\qquad\qquad$ zu treiben

Si a tu vecino quieres mal,
mete las cabras en su olivar

Wenn die Mädchen zum Fluß gehn,
erzählen sie nicht, was ihnen,
sondern was dem Nachbarn geschehn

Va la moza al río
no cuenta lo suyo
y cuenta lo de su vecino

Wer Freund ist von deinem Wein,
soll nicht dein Nachbar sein!

Al amigo de tu vino
¡no le quieras por vecino!

Wer den Arm oft zum Mund führt,
der wird als Trunkenbold registriert

Quien mucho empina el codo
cátalo beodo

Ein Übel, von dem dein Nachbar nichts erfährt,
kannst du als Gewinn buchen

Mal que no te sabe el vecino
ganancia es

Besser du schläfst bei deinem Feind
als beim Nachbarn, ders redlich meint

Duerme con tu enemigo
y no con tu vecino

Spanier unter sich
und im Verkehr mit ihren Nachbarn

Der Franzose jammert,
der Italiener singt,
der Spanier knurrt – wenn er bettelt

El francés llorando,
el italiano cantando,
el español regañando

Wer nach Kastilien geht und Aragon den Rücken kehrt,
dem zieht sich das Herz zusammen

Quien va a Castilla y deja Aragón
trae dolor de corazón

Drei Dinge hat Genua im höchsten Grade:
Männer ohne Gewissen, Frauen ohne Scham
und ein Meer ohne Fische

Tres cosas tiene Genova en sumo grado:
hombres sin conciencia, mujeres sin vergüenza,
mar sin pescado

In Cañamero wird Eselsfleisch für Hammelbraten verzehrt,
und der Alkalde wird mit dem Schwanzstück geehrt

En Cañamero comen burra por carnero,
y el alcalde, por más honra, lleva la cola

In Malagón
wohnt in jedem Haus ein Dieb
und zwei im Hause des Alkalden: nämlich Vater und Sohn

En Malagón
en cada casa un ladrón
y en la del alcalde padre e hijo

Ein Gott, ein Topf und ein Madrid!

¡Dios, olla y Madrid!

Ebro, Verräter, du entspringst in Kastilien
und bewässerst Aragon!

¡Ebro traidor! ¡Naces en Castilla
y riegas a Aragón!

Männische Weiber – unter fünfzig ein einziges Mal,
weibische Männer gibt es ohne Zahl!

Mujeres hombres, una de cincuenta,
¡hombres mujeres, se pierde la cuenta!

Gute Dienste für schlechten Lohn –
so wills das Gesetz von Aragon

A fuer de Aragón
buen servicio y mal galardón

Dem Katalonier
tu nichts Böses, weil das Sünde ist,
aber tu ihm auch nichts Gutes,
weil es verschwendet ist

Al catalán,
no hacerle mal, porque es pecado,
ni bien, porque es mal empleado

Der Katalonier ißt gern und gut,
was man ihm vorsetzen tut

Bien come el catalán –
si se lo dan

Wenn ein Spanier singt,
ist er wütend oder hat kein Geld

Cuando el español canta
o rabia, o no tiene blanca

Was in Spanien ist, ist den Spaniern zu eigen

Lo que hay en España es de los españoles

Vor dem Toledaner nimm dich in acht,
Tag und Nacht!

¡Del Toledano
guárdate de él tarde o temprano!

Aus Asturien
sollst du auch kein Maultier holen

Asturiano, ni mulo ninguno

Von Burgos bis zum Meer
ist alles Narrheit und verkehrt

De Burgos a la mar todo es necedad

Weder die Männer noch der Wind
in Aragon bekömmlich sind

El viento y el varón
no es bueno de Aragón

Den Mann aus Córdoba muß man fürchten:
aus einer Nadel macht er drei

Cordobés, mala res:
de una aguja hace tres

In Baeza sind die Füße soviel wert wie der Kopf

En Baeza,
tanto valen los pies que la cabeza

In Guadalajara: was gestern nacht war,
ist am Morgen weggeblasen

En Guadalajara, de lo que haya la noche
no hay nada a la mañana

Teufel

Wer den Teufel betrügen will,
muß früh aufstehn

Quien al diablo ha de engañar
muy de mañana ha de levantar

Der Teufel wirds nicht schaffen,
wenns die Frauen nicht machen

El diablo no acabará
lo que no acaben las mujeres

Als der Teufel vom Himmel fiel,
verlor er seine Anmut, aber nicht seine Flügel

El diablo al caer del cielo
perdió sus galas, no sus alas

Der Teufel lehrt das Stehlen,
aber nicht das Verhehlen

El diablo enseña el robar,
mas no el ocultar

Der Teufel, der sich voll gefressen,
hat sich die Kutte des Mönchs vermessen

El diablo harto de carne
se metió fraile

Es gibt einen Teufel,
der einem andern verteufelt ähnlich ist

Hay un diablo que parece a otro

Vor der verschlossenen Tür
macht der Teufel kehrt

A puerta cerrada el diablo se torna

Die an Gott nicht glauben
und doch die Messe niemals versäumen,
können füglich dem Teufel einen Platz einräumen

El diablo haga parte en quien a Dios no cree
y a misa va y viene

Tiere

Wer einen Wolf kennt, kennt alle Wölfe,
wer einen Menschen kennt, kennt nur den einen

Quien conoce a un lobo, conoce a todos los lobos,
quien conoce a un hombre, sólo a uno le conoce

Die Sardine und das Schwein,
könnten sie fliegen,
man schätzte sie höher ein

La sardina y el puerco,
si volasen
en mucho más se estimasen

Erst im Maul der Katze beginnt die Maus zu bereuen

Tarde se arrepiente el rato
cuando le tiene en boca el gato

Die Maus, die nur ein Loch kennt,
wird von der Katze bald gefangen

Al ratón que no sabe más de un agujero,
el gato le coge presto

In den Nestern vom Vorjahr
nisten die Vögel nicht mehr

En los nidos de antaño
no hay pájaros hogaño

Der Frosch quakt, die Kröte tanzt
und die Eidechse spielt Geige dazu

Canta la rana y baila el sapo
y tañe la viguela el lagarto

Wenn die Ziege niest, schlägt das Wetter um

Cuando la cabra estornuda
el tiempo muda

Wenn der Esel ein großer Esel ist,
hält er sich für ein Pferd

Cuando el asno es muy asno
se tiene por caballo

Solange die Fische noch leben,
wollen sie Wasser haben,
wenn sie tot sind,
fordern sie Wein

Los peces cuando vivieron
agua pidieron,
cuando mueren
vino quieren

Die Fliege sprach zum Frosch:
„Besser im Wein sterben, als im Wasser leben"

Dijo el mosquito a la rana:
"Más vale morir en el vino que vivir en el agua"

Beim Mondenschein laust der Wolf den Esel

A la luna el lobo al asno espulga

Der Ameise wachsen Flügel,
damit sich ihr Schicksal um so schneller besiegelt

Nacen alas a la hormiga
para que se pierda más aína

Hennen bringen keinen Segen,
die bei dir fressen und beim Nachbarn legen

No es aquella gallina buena
que come en tu casa y pone el huevo en la ajena

Wenn ein Tier hinter den Ohren schwitzt,
so taugt es nichts!

Señal de malas bestias:
sudar tras la oreja

Den Esel und das Weib,
mit Hieben man sie vorwärts treibt!

El asno y la mujer,
a palos se han de vencer

Bei Blinden, Mönchen und alten Tanten
werden aus Mücken Elefanten

En mujeres, ciegos y frailes
los mosquitos son elefantes

Der Rabe kann nicht schwärzer sein als seine Flügel

No puede ser el cuervo más negro que sus alas

Der Löwe ist nicht immer so wild
wie auf dem Bild

No es tan bravo el léon
como lo pintan

Jeder Hammel hängt an seinem eigenen Bein

Cada carnero de su pie cuelga

Esel vieler Leute,
den Wölfen sichere Beute

Asno de muchos,
lobos le comen

Das satte Pferd läßt den Hafer stehen

Caballo harto no es comedor

Den Winter fressen die Wölfe nicht auf

Al invierno no se lo comen los lobos

Dem Rind, das da pflügt,
sieh nicht ins Gesicht!

Al buey que ara
¡no le mires en la cara!

Henne, die zur Metten kräht,
und das Weib, das lateinisch spricht,
enden schlimm früh oder spät

Gallina que canta en matín,
y la mujer que parla latín,
nunca hicieron buen fin

Jetzt, wo ich ein Füllen habe,
seh ich erst, wie schön ein anderes wäre

Ahora que tengo potro
pongo la vista en otro

Während der Wolf kackt,
bringt sich die Ziege in Sicherheit

Mientras el lobo caga,
la oveja se salva

Mehr wert ist der Kopf einer Ratte
als der Schwanz eines Löwen

Más vale ser cabeza de ratón
que cola de león

Besser der Schweif des Löwen
als der Kopf der Ratte

Más vale ser cola de león
que cabeza de ratón

Das Rind auf der Weiden
leckt sich mit Freuden

El buey suelto bien se lame

Dem, der ein Rind verloren,
tönt die Schelle noch in den Ohren

Quien bueyes ha perdido
los cencerros trae en el oido

Lieber ein Esel, der mich trägt,
als ein Roß, das nach mir schlägt

Más vale un burro que ande poco
que un caballo loco

Der Fuchs wechselt den Balg
und bleibt ein Schalk

Muda la zorra el pellejo,
mas no el consejo

Der Esel weiß wohl, in wessen Haus er wiehert

Bien sabe el asno, en cuya casa rebuzna[26]

Eine Sache denkt sich der Gaul
und eine andere der Knecht, der ihn sattelt

Einer füttert den Gaul
und ein anderer sattelt ihn

Uno piensa el vayo
y otro él que lo ensilla[27]

Die Katze kennt keinen Herrn

El gato no conoce amo

Die Katze, die viel miaut, ist kein guter Kammerjäger

Gato maullador, nunca buen cazador

Die Katze mag dich bestehlen –
sie darf in deinem Haus nicht fehlen!

Al gato por ser ladrón
¡no lo eches de tu mansión!

Viel wissen die Ratten,
aber die Katze stellt sie noch in den Schatten

Mucho sabe el rato
pero más el gato

Der Wolf versieht seine Pflichten unter der Woche,
weil er sonntags nicht zur Messe geht

El lobo hace entre semana,
porque el domingo no va a misa

Der Wolf, der sich am Fleisch überfressen hat, wird ein
Mönch

El lobo, harto de carne, se mete fraile

Die Eselin mit ihrem Füllen
geht nicht auf dem nächsten Weg zur Mühlen

Asna con pollino
no va derecho al molino

Weisheit und Torheit

Der Weise weiß, daß er weiß;
der Dummkopf wähnt, daß er weiß

Bien sabe el sabio que sabe,
el necio piensa que sabe

Wo ein Dummkopf sein Geld verliert,
hat sich der Schlaue alsbald saniert

Donde el necio se arruinó
el cuerdo prosperó

Der Narr kennt sich in seinem Haus
besser als der Kluge im fremden aus

Más sabe el loco en su casa
que el cuerdo en la ajena

Am Bart des Toren
lernt der Barbier rasieren

En la barba del necio
aprehende a rapar el barbero

Der Esel weiß nicht,
in wessen Haus er wiehert

Pues el asno no sabía
en que casa relinchaba

Es sprach der Weise von Valderas:
„Wenn die Dächer tropfen,
werden die Straßen naß"

Adivino de Valderas:
"Que si corren los canales
se mojan las carreras" 28

Wenn die Narrheit Schmerzen hätte,
würde sie aus allen Häusern schrein

Si la locura fuese dolores,
en cada casa daría voces

Jeden Narren mit seinem Sparren

Cada loco con su tema

Wenn der Weise nie eine Dummheit beginge,
würden die Dummköpfe platzen

Si el sabio no errase,
el necio reventaría

Während der Kluge vieles gedacht,
hat sich der Dummkopf Vermögen gemacht

Mientras el discreto piensa
hace el necio la hacienda

Zeit

Es gibt mehr Tage als Würste im Jahr

Más son los días, que las longanizas

Was nicht in einem Jahr geschieht,
geschieht in einem Augenblick

*Lo que no acaece en un año
acaece en un rato*

Schließlich nach tausend Jahren
kam die Eisenbahn auch nach Segovia gefahren

*Al cabo de los años mil
llegó a Segovia el ferrocarril*[29]

Was die Zeit bewirken wird,
das sollte der Verstand des Menschen zuwege bringen

*Lo que ha de hacer el tiempo
hágalo el seso*

Anmerkungen

1 In den Mund eines Bettlers gelegt, der Verkrüppelung seiner Hand vorspiegelt.
2 Denselben Sinn hat: "Quien trabaja tiene un camisón, y quien no trabaja tiene dos" (= Wer arbeitet, hat ein Hemd; wer nicht arbeitet, hat deren zwei). Dieser Refran ist auch italienisch belegt: "Chi fatica ha una camicia; chi non fatica ne ha due."
3 Ebenso das französische Sprichwort.
4 Aus Fr. Delicado, La Lozana Andaluza (1528).
5 1610 erschien zu Madrid von einem Arzt, Doctor Juan Sorapán de Rieros, eine Sammlung von Sprichwörtern zur Heilkunde: Medicina española (bei Sbarbi III).
6 Sprichwörter, die in ähnlicher Weise die Laune der Herren mit dem Aprilenwetter vergleichen:

> Abriles y caballeros
> todos son traicioneros,

und ebenso:

> Abriles y señores, pocos hay que no son traidores.
> Abriles buenos y buenos hidalgos muy escasos.

7 Drastischer die Fassung in der „Lozana Andaluza":

> Más tira coño que soga.

8 Horozco gab dazu in seinen „Refranes glosados" folgenden Kommentar:

> Conviene ser diligente
> el que fuere enamorado,
> tal que sepa facilmente
> a la dama lo que siente…

9 Die Herren der Schöpfung herrschen im spanischen Sprichwort unbedingt. Den Frauen wird nicht viel Gutes zugetraut.
10 Zu diesem derben Sprichwort bemerkt Mal Lara in der „Philosophia vulgar": „Es gibt Sprichwörter, die aus der Hefe des Volkes (la hez del pueblo) stammen und von ganz unten her kommen. Die Moral wird mit Vergleichen aus ihrer niedrigen Sphäre mit dem, was sie gleichsam zwischen den Händen tragen, behandelt. Unvernunft ist dabei nicht im Spiel, wenn man bedenkt, daß auch Sokrates und Plato niedrige Vergleiche und grob gesponnene Argumente vorbrachten." (181 d)
11 Da der Hirte erst zu nächtiger Zeit zurückkehrt. Das Sprichwort wurde indessen als zweideutig empfunden, und so entstand ein neuer Refran, der auf den andern Bezug nimmt: „Por más que digáis, mi marido es el pastor" (Mal Lara 211). Derselbe Kommentator glaubt den Refran wegen der charakteristi-

schen Elision des Schluß-e (compon für compone) in Cuenca /
lokalisieren zu können.

12 Um dem Eindruck äußerster Gefühlsroheit zu begegnen, daß es
sich um einen Verzweiflungsschrei handle in dem Sinne von
"¿por nada tenéis de matar a mi marido?". Aber die wörtliche
Lesung wird doch nicht ausgeschlossen, die dann einer "mujer
mala" in den Mund gelegt wird "que siente, cuan poco ha menester el amparo de su marido".

13 Demgegenüber hatten die Römer eine Maxime, derzufolge das
Waschen von Kopf und Gesicht verderblich sei: „Saepe manus,
raro pedes, caput nunquam." Entsprechend das spanische
Sprichwort: „Wenn du krank werden willst, so wasch dir den
Kopf und leg dich ins Bett" (Si quieres enfermar / lávate le cabeza y vete a echar). Der gelehrte Mal Lara findet für diese bi-
zarre Meinung eine Erklärung: „Das Kopfwaschen reißt die Po-
ren auf und erzeugt mit der großen Feuchtigkeit Zahnweh und
Kopfschmerzen."

14 Wieder ist es nur die Tochter, die den Verdruß bringt.

15 Dazu die Varianten:

> Der Hund und das Schwein
> finden den Weg schon allein,

und:

> Der Mönch und das Schwein
> finden den Weg schon allein.

Man braucht diejenigen nicht erst feierlich zu entbieten oder
einzuladen, die sowieso von uns abhängen oder von unseren
Wohltaten leben.

16 Der ironische Sinn dieses Refrans ist offenkundig.

17 Hygienische Regeln entnahm schon 1569 Lorenzo Palmireno
dem Sprichwortwissen: "Refranes de mesa, salud y buena cri-
anza" (Sbarbi I). Der Gebrauch des Wassers wird angeraten:
„Das Wasser macht weder krank noch betrunken noch Schulden
(Agua no enferma ni enbeoda ni adeuda). Aber der Genuß kal-
ten Wassers ruft die Krätze hervor!"

18 Durch dieses Sprichwort werden die beiden vorhergehenden
Lügen gestraft, noch entschiedener durch den Refran: „Iß wenig zu Mittag und mehr zur Nacht, schlafe hochgelagert, und
du wirst lange leben!" (Come poco y cena más, duerme en alto y
vivirás.)

19 Wegen der schweren Verdaulichkeit der Sardine.

20 In den mittelalterlichen spanischen Chroniken wird berichtet,
daß der spanische König Alfonso, der Toledo den Mauren abge-
wonnen hatte, zuallererst die zahlreichen Badeanstalten schließen ließ.

21 Tatsächlich sieht man die kastilischen und andalusischen Bauern in der prallen Sommersonne ebenso warm wie im Winter gekleidet, weil sie sich dadurch vor der schädlichen Wirkung der Hitze geschützt glaubten.

22 Zahlreich sind die Zeugnisse für das Vorurteil gegen rotes Haar, das man Judas und dem Teufel zuschrieb. In einer Episodensammlung aus dem 16. Jahrhundert wird erzählt, daß infolge eines Justizirrtums ein Mann mit roten Haaren ausgepeitscht wurde und daß der Richter nach Feststellung des Irrtums bemerkte: „Wenn er sein Verbrechen noch nicht begangen hat, so wird er es noch begehen, da er ein Rotkopf ist."

23 In der spanischen Malerei des 17. Jahrhunderts waren besonders geschätzt die perspektivischen Hintergründe, die man "lejos" (= Ferne) nennt.

24 In galizisch-portugiesischer Sprache.

25 Liñán y Verdugo, Guía y avisos de forasteros, Madrid 1620, meint, das Sprichwort sei durch eine mißverständliche Auslegung eines in spanischer Phonetik gesprochenen lateinischen Ausspruchs entstanden: „Necessitas caret lege."

26 Auch das Gegenteil wird im Sprichwort belegt: „Der Esel weiß nicht, in wessen Haus er wiehert" (Pues el asno no sabía en cuya casa rebuznaba).

27 Das Sprichwort, das schon im 14. Jahrhundert belegt ist, schließt sich zunächst an die altspanische Bedeutung von "pensar" an: „einen Gaul warten, füttern". Der Sinn ist dann folgender: Einer füttert den Gaul, und ein anderer hat ihn zu satteln. Juan Valdés erzählt, wie das Sprichwort in dieser Bedeutung aufgekommen ist: Ein Pferdeknecht aus Vizcaya soll sich, wie alle Basken, von der Würde seines Berufs durchdrungen, geweigert haben, das seiner Obhut anvertraute Tier zu satteln, da er nur die eine und ihn ganz in Beschlag legende Aufgabe habe, das Pferd zu warten und das Geschäft des Sattelns wiederum die Obliegenheit eines anderen sei. Die Gabelung der beiden Bedeutungen muß aber schon im 14. Jahrhundert erfolgt sein. Es ist klar, daß die Priorität der näher liegenden Vorstellung des zu fütternden Pferdes zugeschrieben werden muß. Das viel poetischere und fabelgerechtere Motiv des nachdenkenden Pferdes hätte sich dann sekundär auf Grund einer mißverständlichen Lesung entwickelt. Tatsächlich war dieses Mißverständnis so lange ausgeschlossen, als das Wort „denken" normalerweise nicht "pensar" lautete, sondern, wie dies bis zum 14. Jahrhundert der Fall war, durch "cuidar" (von lat. cogitare) vertreten wurde. Erst durch die stärkere Frequenz von "pensar" in der Bedeutung „denken" ergab sich der Doppelsinn. Aber das Sprichwort hält an seiner alten Lautgestalt fest, als wäre die

geringste sprachliche Korrektur ein schlimmeres Übel als die vollständige Änderung des Sinnes.

28 Hernán Núñez bringt noch andere Sprichwörter vor, die denselben Sinn einer Verspottung des Jahrmarktspropheten haben: „Weiser von Marchena, wenn die Sonne untergegangen ist, verläßt der Esel den Schatten nicht mehr" (Adevino de Marchena, que el sol puesto el asno a la sombra queda).

29 Scherzhafte Weiterbildung des alten Refrans: „Nach tausend Jahren kehrt das Wasser in sein Faß zurück" (Al cabo del año mil, el agua vuelve a su cubil).

Bibliographie zur Sprichwortkunde

Allgemeines

J.-Ch. Brunet, Manuel du libraire VI, Nos. 18431–18523 (Bibliographie nach Nationen geordnet)

P. A. Gratet-Duplessis, Bibliographie parémiologique. Paris 1848

Joseph Haller, Altspanische Sprichwörter. Regensburg 1883. II (Enthält eine umfassende über die wichtigsten Nationen ausgedehnte Bibliographie)

F. Seiler, Deutsche Sprichwörterkunde. München 1922

W. Bonser, Proverb literature. A bibliography … London 1930

A. Taylor, The proverb. Harvard University, Cambridge 1931

B. E. Stevenson, Home book of proverbs, maxims and familiar phrases. New York 1948

Sprichwörter verschiedener Völker

Franzosen

Le Roux de Lincy, Le livre des proverbes français. Paris 1842. 1859

P. A. Gratet-Duplessis, La fleur des proverbes français. Paris 1851

P. A. Gratet-Duplessis, Petite Encyclopédie des proverbes français. Paris 1852

P. M. Quitard, Etude d'histoire littéraire et morale sur les proverbes français. Paris 1860

H. de Vibraye, Trésor des proverbes français anciens et modernes. Paris 1934

Walter Gottschalk, Die bildhaften Sprichtwörter der Romanen. Heidelberg 1935–1938

Proverbes français. Zürich 1948

Orient

Enno Littmann, Morgenländische Spruchweisheit. Leipzig 1937

Russen

В. Н. Перетц, Из истории пословиц, СП. 1898

М. Шахновиц, Краткая история собирания и изучения пословиц и поговорок, in: Советский фольклор 1936, 4-5

В. И. Даль, Пословицы русского народа. М. 1957

Iwan Klimenko, Das russische Sprichwort. Bern 1946

Избранные пословицы и поговорки русского народа. Соч.: Н. П. Колпакова … М. (ГИХЛ) 1957

Engländer

W. G. Smith, The Oxford Dictionary of English proverbs. Oxford 1935

Deutsche

K. Goedeke, Grundriß zur Geschichte der deutschen Dichtung. II 15–19

K. F. W. Wander, Deutsches Sprichwörter-Lexikon 1–5. Leipzig 1863–1880

F. Seiler, Deutsche Sprichwörterkunde. München 1922

Portugiesen

Leite de Vasconcellos, Adagios portugueses. Lisboa 1925

Sammlung von Sprichwörtern mehrerer Nationen
mit Einschluß der Spanier

I. und O. von Düringsfeld, Sprichwörter der germanischen und romanischen Sprachen … Leipzig 1875. I.II

Joseph Haller, Altspanische Sprichwörter. Regensburg 1883. I.II

A. Arthaber, Dizionario comparato di proverbi e modi proverbiali italiani, latini, francesi, spagnoli … Milano 1929

Adolf Boecklen, Sprichwörter in 6 Sprachen. Stuttgart 1943

Martin Hürlimann, Stimmen der Völker im Sprichwort. Zürich 1945

Werke der altspanischen Literatur,
die Sprichwörter bringen oder sich mit ihnen beschäftigen

Libro de Alixandre, ed. Morel-Fatio. Dresden 1906

El Conde Lucanor del Infante Juan Manuel, ed. Knust. Leipzig 1900

Rius Serra, Refranes del siglo XIV, in: Revista de Filología española 1926

Arcipreste de Hita, El libro de buen amor, ed. Ducamin. Toulouse 1901

Tirant lo blanc. Neuausg. New York 1904

Arcipreste de Talavera, Corbacho, ed. Pérez Pastor. Madrid 1901

Caballero Cifar, Neuausg. C. P. Wagner. Ann Arbor 1929

Urban Cronan, Refranes que dicen las viejas tras el fuego, in: Revue Hispanique 1911

Refranes famosísimos y provechosos glosados. Burgos 1509. Neuausg. Madrid 1922

Mossén Dimas, clérigo, Refranes en prosa glosados. Valencia
1523

Marqués de Santillana (15. Jhdt.), Colección de refranes. Medina
del Campo 1550. Neuausg. Revue Hispanique 1942

Pedro Vallés, Libro de Refranes. Zaragoza 1549

Hernán Núñez, Refranes o proverbios en romance. Salamanca
1555

Gonzalo Correas, Vocabulário de refranes y frases proverbiales
(Ms. des 16. Jhdts.) Ausg. Rodríguez Marín. Madrid 1924

H. Ch. Berkowitz, The „Cuaderno de refranes castellanos" of Juan
de Valdés, in: The Romanic Review 1925

Emilio Carrillo, Cuatro notas sobre el „Lazarillo", in: Revista de Filología española 1960, p. 168

Blasco de Garay, Cartas de refranes. Venecia 1553

Juan de Mal Lara, La philosophia vulgar. Sevilla 1568. Madrid 1619.
Lérida 1621
Américo Castro, Juan de Mal Lara y su Filosofía vulgar, in: Ho-
menaje a Ramón Menéndez Pidal III, Madrid 1925

Sebastián Orozco Covarrubias, Refranes glosados (Ms. vom Anfang
des 17. Jhdts.) Ausg. Cotarelo y Mori. Madrid 1915

César Oudin, Refranes y proverbios españoles traducidos en lengua
francesa. Paris 1605

C. Huygens, Spaensche Wysheit. 1658. – Vertaelde Spreeckwoor-
den. 1672
über Huygens: C. F. A. van Dam, Un refranero español publi-
cado en Holanda, in: Romanistisches Jahrbuch V 1952

Spanische Sprichwörter, in neuerer Zeit
nach dem Gegenstand zusammengestellt

Meer

José Iturriaga, Refranero del mar, I.II. Madrid 1944

Erziehung

R. Blanco y Sánchez, Refranero pedagógico hispano-americano.
Madrid 1920

G. M. Vergara, Algunos refranes españoles de carácter pedagógico,
in: Revista de Dialectología y tradiciones populares I. Madrid
1944

Landleben

Nieves de Hoyos Sancho, Refranero agrícola español. Madrid 1954

Geographisch lokalisierte Sprichwörter

M. Vergara Martín, Diccionario geográfico popular de cantares, refranes, adagios. Madrid 1923

Ernährung

A. Castillo de Lucas, Refranerillo de la alimentación. Madrid 1940

Jurisprudenz

G. M. Vergara, Algunos refranes españoles de carácter jurídico, in: Revista de Dialectología y tradiciones populares I. Madrid 1944

Medizin

Refranero médico. Refranes ... seleccionados ... y ... recogidos y anotados. Madrid 1944

J. Sorapán de Rieros, Medicina española contenida en proverbios vulgares ... Madrid 1949

Jagd

J. Jara y Ortega, Más de 700 refranes de caza. Madrid 1950

Katze Hund Esel

Ricardo Monner Sans, Refranero gatuno, in: Estudios eruditos in memoriam de A. Bonilla y San Martín. Madrid 1927. I

Ricardo Monner Sans, Perrología: el perro a través del Diccionario y del Refranero. Buenos Aires 1923

Ricardo Monner Sans, Asnología. Vocabulario y Refranero. Buenos Aires 1921

Regionale spanische Sprichwortsammlungen
aus neuerer Zeit

Valencia

Colección de refranes populares, ed. M. Peris Fuentes y P. Lluis Mira. Valencia 1928

Aragonien

J. Moneva y Puyol, Paremias que juntó aquí de autores diversos. Zaragoza 1933

Estremadura

Rodríguez Moñino, Dictados tópicos de Extremadura. Badajoz 1931

Katalonien

J. Amades, Origen i sentit d'alguns proverbis. Barcelona 1933
J. Amades, Calendari de refranys. Barcelona 1933
J. Amades, Els sants en el refranyor in: Bolletí de la Llengua Catalana. Palma de Mallorca 1934
J. Amades, Refranys i dites. Barcelona 1935

Baskenland

Gustave Brunet, Notice sur les proverbes basques. Paris 1859
J. de Urguijo, Los refranes y sentencias de 1596, in: Revista Internacional de Estudios Vascos. Paris – San Sebastián 1928–1933

Andalusien

Luis Montoto, Un paquete de cartas de modismos, de locuciones, frases hechas, frases proverbiales y frases familiares. Sevilla 1888
Luis Montoto, Tiquis miquis … Madrid 1890

Murcia

A. Sevilla, Sabiduría popular murciana. Refranes comentados. Murcia 1926

Galicien

Saco y Arço, Literatura popular de Galicia. 1947

Chile

R. A. Laval, Paremiología chilena. Santiago de Chile 1923
B. Chaqui, Dos razas a través de sus refranes. Santiago de Chile 1942

Argentinien

Ricardo Monner Sans, Algo de paremiología argentina, in: Nosotros 1924

Kolumbien

L. A. Acuña, Refranero Colombiano. Bogotá 1951

Allgemeine spanische Sprichwortsammlungen
aus neuerer Zeit

José Maria Sbarbi, Refranero general español I-X. Madrid 1874 bis 1878

José Maria Sbarbi, Diccionario de refranes. Obra póstuma I. II. Madrid 1922

F. Rodríguez Marín, Más de 21000 refranes castellanos. Madrid 1926

F. Rodríguez Marín, 12600 refranes más. Madrid 1930

Juan Suñé Benages, Refranero clásico. 2200 refranes castellanos. Barcelona 1930

F. Rodríguez Marín, Los 6666 refranes de mi última rebusca. Madrid 1934

F. Rodríguez Marín, Todavía 10700 refranes más. Madrid 1941

L. Martínez Kleiser, Refranero general ideológico español. Madrid 1953

Eleanore S. O'Kane, Refranes y frases proverbiales españoles de la edad media. Madrid 1959

Inhalt

BELLETRISTIK

VLADISLAV VANČURA
Der Messerschleifer

Novellen

Aus dem Tschechischen von G. Just
Band 1116 · Broschur 1,50 M

Vladislav Vančura (1891–1942) war von Beruf Arzt, in seiner künstlerischen Tätigkeit als Erzähler, Dramatiker und
Drehbuchautor fand er jedoch die wirkliche Sinnerfüllung
seines Lebens. Die avantgardistischen Lyriker der zwanzi-
ger Jahre, vor allem Jiří Wolker, beeinflußten sein Schaffen.
Vančura führte den Vorsitz in der revolutionären Künstler-
vereinigung „Devětsil" und organisierte in den Jahren der
faschistischen Okkupation den literarischen Widerstand. Er
wurde von der Gestapo verhaftet und hingerichtet. –
Hauptthema unserer Novellensammlung ist die Liebe. Die
vitalen Gestalten, die, am Rande oder außerhalb der bürger-
lichen Gesellschaft stehend, sich ein ungebundenes Ver-
hältnis zum Leben und die Ursprünglichkeit menschlicher
Gefühle bewahrt haben, werden „wohlanständigen" Klein-
bürgern mit ihrem Egoismus und Besitzstreben, ihren Vor-
urteilen und ihrer Trägheit des Herzens als positive Alter-
native gegenübergestellt. Die Stimme Vančuras erklingt in
diesen Novellen in einem distanzierten, ironischen, für ihn
typischen Ton des Erzählens.